Vegetarisches Kochbuch

für Anfänger

120 Top - Rezepte

Nadia Uzhakhova

Vorwort

Vielen Dank das Sie sich für mein Kochbuch entschieden haben.

Gerne können sie mir persönlich ihre Meinung zu dieser Rezeptsammlung mitteilen. Mehr dazu am Ende des Buches.

Sich vegetarisch zu Ernähren bedeutet nicht, das man auf Geschmack und Vielfalt verzichten muss.

Im Gegenteil! Diese Form der Ernährung bietet unzählige Möglichkeiten, seinen Horizont zu erweitern.

Ich habe hier meine absoluten Lieblingsrezepte zusammengestellt.

Hier haben Sie eine tolle Ansammlung verschiedener Rezepte für jeden Tagesabschnitt und selbstverständlich können Sie diese auch weiter ausbauen oder abändern.

Ganz nach Ihrem Geschmack.

Ich wünsche ihnen gutes Gelingen und viel Erfolg und Spaß beim Kochen!

P. S: Auf Bilder habe ich bewusst verzichtet um die Druckkosten niedrig zu halten und das Buch günstig anbieten zu können.

Inhaltsverzeichnis

Vorab - Informationen zu den Rezepten

- Die angegebenen Backzeiten stammen von meinem Backofen. Bitte beachten sie das es hier öfter zu Abweichungen kommen kann.
- Sollten sie Ober-/ Unterhitze verwenden, die Temperatur um 20 Grad C erhöhen.
- Alle Rezepte können nach eigenen Wünschen abgeändert werden.
- Gemüse sollte immer in Bioqualität gekauft werden.
- Gemüse immer abwaschen. Das habe ich nicht extra in den Rezepten angegeben.
- Selbstverständlich kann statt Pulver auch ein frisches Gewürz verwendet werden.
- Statt einem Würfel Hefe können 2 Päckchen Trockenhefe verwendet werden.
- Anstelle von Zucker kann natürlich auch Xylith oder Rohrzucker verwendet werden.

Abkürzungen

- TK = Tiefgekühlt
- TL = Teelöffel
- EL= Esslöffel

Frühstück

Milchreis

Zutaten (4 Portionen)

- 1000 ml Milch oder Pflanzendrink
- 250 g Milchreis
- 30 g Zucker
- 1 Päckchen Vanillezucker

Zum Bestreuen: Zimt

Zubereitung

- Milch in einem Topf zum Kochen bringen.
- Reis, Zucker und Vanillezucker zugeben und bei offenem Deckel auf niedriger Stufe 30 Minuten quellen lassen.
- Dabei öfter Umrühren damit nichts anbrennt.
- Wenn der Reis die gewünschte Sämigkeit erreicht hat, vom Herd nehmen.
- Auf Teller verteilen und mit Zimt bestreuen.

Pfannkuchen

Zutaten (8 Pfannkuchen)

- 200 ml Milch
- 200 g Mehl
- 2 Eier
- 50 g Zucker
- 50 g Öl
- 1 TL Backpulver
- 1 Prise Salz
- etwas (Raps)Öl oder Butter zum Braten

Zubereitung

- Mehl, Backpulver, Salz, Öl, Milch, Eier und Zucker in einer Schüssel mit einem Schneebesen zu einen glatten Teig verrühren.
- Butter in einer Pfanne schmelzen lassen und in den Teig einrühren.
- Einen TL Öl in einer Pfanne warm werden lassen (nicht heiß!), dann mit einem kleinen Schöpflöffel den Teig in die Pfanne geben.
- Pfannkuchen 2 Minuten braten, umdrehen und nochmal 1 Minute anbraten.
- Vor dem nächsten Pfannkuchen wieder etwas Öl

nachgeben.

- Fertige Pfannkuchen nach Belieben bestreichen oder belegen.

Pancakes

Zutaten (4 Pancakes)

- 250 ml Milch
- 200 g Weizenmehl
- 2 Eier
- 50 g Puderzucker
- 1 Päckchen Backpulver
- 50 g Butter
- 1 Prise Salz
- etwas (Raps)Öl zum Braten

Zubereitung

- Mehl, Puderzucker, Backpulver und Salz in einer Schüssel vermischen und in der Mitte eine Vertiefung eindrücken.
- Milch und Eier in die Vertiefung geben und mit dem Handrührgerät so lange verrühren bis sich eine leicht flüssige Masse ergibt.
- Die Pfanne mit etwas Öl, warm werden lassen (nicht heiß!), dann mit einem Schöpflöffel den Teig in die Pfanne geben.
- Der Teig muss nicht den ganzen Pfannenboden bedecken wie bei einem Pfannkuchen.

- Auf mittlerer Hitze den Teig weiter Blasen werfen lassen und zusehen wie er langsam vom Rand bis zur Mitte fest wird.
- Sobald die Mitte fast fest ist, den Pancake drehen.
- Eine gute Minute warten, dann ist der Pancake fertig.
- Auf einem warmen Teller zur Seite stellen und die restlichen Pancakes machen.

Käse Omelette

Zutaten (4 Portionen)

- 12 Eier
- 100 g Bergkäse
- 2 EL (Raps)Öl
- 2 EL Butter
- Salz und Pfeffer

Zubereitung

- Käse raspeln.
- In einer Schüssel Eier mit Salz und Pfeffer würzen und mit einer Gabel verquirlen.
- Butter und Öl in einer Pfanne erhitzen und die Eier zugeben.
- Bei mittlerer Hitze 3 Minuten anbraten.
- Käse über die Eimasse streuen und schmelzen lassen.
- Das Omelette zur Hälfte einklappen und 2 Minuten fertig braten.

Eiersalat

Zutaten (4 Portionen)

- 9 Eier
- 200 g Majonnaise
- 2 EL Petersillie
- Salz und Pfeffer

Zubereitung

- Die Eier im kochenden Wasser, 10 Minuten hart kochen.
- Eier danach im kalten Wasser abschrecken, schälen und pellen.
- Mayonnaise, Zitronensaft mit den Eiern vermischen.
- Mit Salz und Pfeffer abschmecken.
- Mit Petersilie garniert servieren.

Bircher Müsli

Zutaten (2 Portionen)

- 50 g Haferflocken
- 60 g Wasser (oder Saft nach Belieben)
- 60 g Pflanzendrink oder Milch
- 3 Äpfel
- Saft aus einer Zitrone
- 20 g Nüsse

Zubereitung

- Haferflocken mit Wasser vermischen und über Nacht quellen lassen.
- Pflanzendrink bzw. Milch und Zitronensaft zugeben.
- Äpfel und Nüsse fein reiben oder mixen und unterrühren.

Goldene Milch

Zutaten (2 Gläser)

- 250 ml Pflanzendrink nach Belieben
- 1 EL Kurkuma
- 1 TL Kokosöl
- 2 Prisen Ingwer
- ½ TL Zimt
- 1 Prise Muskat
- 1 Prise Pfeffer
- evtl. Honig (Süßen nach eigenen Geschmack)

Zubereitung

- Alle Zutaten miteinander vermixen.
- Zusammen in einem Topf erwärmen, aber nicht kochen.

Rührei mit Tomaten

Zutaten (2 Gläser)

- 1 TL Gemüsebrühepulver
- 1 EL Paprikapulver,Chili
- 1 Knoblauchzehe
- 2 Zwiebeln
- 4 Eier
- 2 EL (Raps)Öl
- 3-4 Tomaten

Zubereitung

- Zwiebeln in dünne Ringe schneiden, Knoblauchzehe pressen.
- Öl in einer Pfanne erhitzen und Zwiebel darin anbräunen.
- In einer Schüssel Eier, Gemüsebrühepulver, Knoblauch und Paprikapulver miteinander verrühren.
- Schüsselinhalt zu den Zwiebeln in die Pfanne geben.
- Unter gelegentlichem Rühren braten bis die Eier zu stocken beginnen und eine Rührei-Konsistenz annimmt.
- Tomaten kleinschneiden und zusammen mit dem Rührei servieren.

Overnight Haferflocken

Zutaten (2 Portionen)

- 80 g Haferflocken
- 1 Banane
- 400 ml Pflanzendrink oder Milch
- 6 EL Naturjoghurt
- einige Himbeeren

Zubereitung

- Haferflocken mit Milch und Joghurt vermischen.
- Banane klein schneiden und zugeben.
- Mit Himbeeren verzieren.
- Im Kühlschrank über Nacht quellen lassen.
- Am nächsten Morgen verzehren.

Armer Ritter

Zutaten (4 Portionen)

- 12 Scheiben Toast
- 4 Eier (Größe M)
- 200 ml Pflanzendrink (Empfehlung Sojadrink)
- 3 EL Zucker
- 3 EL Öl

Zubereitung

- Eier mit Pflanzendrink verrühren.
- Toastscheiben halbieren und in den Eier-Pflanzendrink einweichen, bis sie vollgesogen sind.
- Öl in einer Pfanne erhitzen und die Toastscheiben bei mittlerer Hitze, von beiden Seiten anbraten.
- Mit Zucker bestreut servieren.

Porridge

Zutaten (2 Portionen)

- 100 g kernige Haferflocken
- 400 g Wasser
- etwa 100 ml Milch (nach Belieben)
- 1 Banane
- 2 EL Mandelblättchen
- 1 EL Rosinen (Optional)
- 2 EL Zucker
- 1 Prise Salz

Zubereitung

- Banane in kleine Stücke schneiden.
- Wasser mit Salz und Rosinen in einem Topf aufkochen lassen.
- Haferflocken einrühren und bei niedriger Stufe, unter ständigem Rühren, 5 Minuten leicht köcheln lassen.
- Wenn die Masse leicht eindickt, die Bananenstücke gut untermischen.
- In einem tiefen Teller servieren und mit Zucker bestreuen.
- Mandelblättchen darüber verteilen und die gewünschte Menge Milch zugeben.

Waffeln

Zutaten (8 Stück)

- 250 g Mehl
- 200 ml Milch
- 120 g Butter
- 70 g Rohrzucker
- 3 Eier
- 2 TL Backpulver
- 1 Päckchen Vanillezucker
- Öl zum Einfetten des Waffeleisens
- 1 Prise Salz

Zubereitung

- Butter und Zucker cremig rühren.
- Eier nacheinander unterrühren.
- Mehl mit Vanillezucker, Salz und Backpulver mischen und abwechseln mit der Milch unterrühren.
- Waffeleisen mit Öl einfetten.
- Für eine Waffel 2-3 EL Waffelteig in die Mitte des Waffeleisens geben.
- Den Teig im Waffeleisen backen, bis sie goldbraun sind.
- Fertige Waffeln auf einem Kuchngitter abkühlen lassen.
- Waffeln belegen/ bestreuen nach Belieben.

Apfel-Mandel-Brei

Zutaten (4 Personen)

- 2 Äpfel
- 150 g Haferflocken
- 100 g gemahlene Mandeln
- 600 ml Mandelmilch
- 1 Prise Zimt
- Agavendicksaft

Zubereitung

- Die Mandelmilch auf dem Herd kurz aufkochen
- Bei mittlerer Hitze die Haferflocken, den Zimt und die gemahlenen Mandeln hinzufügen.
- Einem cremigen Brei anrühren.
- Äpfel schälen, das Kerngehäuse entfernen und in dünne Spalten schneiden.
- Brei in vier Müslischüsseln einfüllen und Apfelspalten darauf verteilen.

Antipasti

Zutaten

- 3 große rote Paprikaschoten
- 40 g Toastbrot
- 2 TL Essig
- 1 Knoblauchzehe
- 3 EL Petersilie
- 25 g entkernte grüne Oliven
- 10 EL Olivenöl
- 3 kleine Zucchini
- 1 Aubergine
- 3 EL Basilikum
- Zitronensaft
- Balsamico

Zubereitung

- Knoblauch pressen, Paprika vierteln und entkernen.
- Mit der Haut nach oben auf dem Rost im Ofen bei 200° C Umluft ca. 20 - 25 Minuten backen, bis die Haut Blasen wirft.

- Paprika abkühlen lassen und danach häuten.
- Toastbrot würfeln, mit Essig und 1 EL Zitronensaft beträufeln.
- Toastbrot, Knoblauch und Petersilie, die Oliven und 1 EL Olivenöl im Mixer pürieren, mit Salz und Pfeffer abschmecken.
- Die Paprikaviertel mit der Paste bestreichen und einrollen.
- Auberginen und Zucchini waschen, die Auberginen quer, die Zucchini längs in Scheiben schneiden.
- Die Scheiben portionsweise in einer Pfanne in 2 EL Olivenöl von beiden Seiten braun braten.
- Mit Salz, Pfeffer, Balsamico und Basilikum würzen.
- Auf einem Teller anrichten und mit Brot servieren.

Schnelles Bruschetta

Zutaten

- 4 Scheiben Weißbrot oder Toastbrot
- 2 gewürfelte Tomaten
- 1 EL Öl

Zubereitung

- Brotscheiben mit 1 EL Olivenöl in der Pfanne knusprig anrösten.
- Mit den gewürfelten Tomaten großzügig belegen.
- Mit Olivenöl beträufeln und auf einem Teller servieren.

French Toast

Zutaten

- 1 halbe Banane
- 200 ml Milch
- 40 g Mehl nach Belieben
- 1 Prise Zimt
- 1 TL Hefeflocken
- ½ TL Backpulver
- 4 Scheiben Toast
- 1 EL Johannisbeermarmelade
- 200 ml (Raps)Öl
- ½ EL Puderzucker (zum Bestreuen)

Zubereitung

- Milch, Hefeflocken, Mehl, Zimt und Backpulver in einen tiefen Teller geben.
- Eine halbe geschälte Banane pürieren und mit der Paniermasse für 5 Minuten ziehen lassen.
- Zwei Toastbrotscheiben mit Marmelade bestreichen und mit den anderen zwei Scheiben belegen.
- Eine Pfanne mit ca. einem Zentimeter hoch Öl darin

erhitzen.

- Die Toasts beidseitig durch die Paniermasse ziehen und für 5 Minuten von beiden Seiten, bei mittlerer Hitze goldbraun ausbacken.
- Die Toastscheiben auf Küchenpapier abtropfen lassen und mit Puderzucker bestreuen.

Aufstriche

Hummus

Zutaten

- 300 g trockene Kichererbsen
- 300 g Sesampaste (Tahini)
- 100 ml (Raps)Öl
- Saft von 4 Zitronen
- 4 Knoblauchzehen
- 1 TL Pfeffer
- 1 TL Paprikapulver
- 1 TL Kreuzkümmel
- 2 Prisen Salz

Zubereitung

- Kichererbsen über Nacht einweichen
- Am nächsten Tag abtropfen lassen und weich kochen.
- Das Wasser nicht abgießen.
- Kichererbsen mit einem Stabmixer pürieren
- Sesampaste hinzufügen und nochmals miteinander pürieren.
- Knoblauch sowie die Gewürze und den Zitronensaft noch hinzugeben.

- Hummus auf einen tieferen Teller geben.
- Das Öl erhitzen und über den Humus verteilen.

Paprika Aufstrich

Zutaten (4 Portionen)

- 80 g geröstete Paprika in Öl
- 1 Knoblauchzehe
- 200 g Feta
- 100 g Schmand
- 1 TL Thymian
- ½ TL Pfeffer

Zubereitung

- Knoblauchzehe pressen. Paprika abtropfen lassen und in kleine Würfel schneiden.
- Feta mit einer Gabel zerdrücken und Schmand, 1 EL Paprikaöl aus dem Glas, Paprika, Knoblauch, Thymian und Pfeffer verrühren.

Zwiebelschmalz

Zutaten

- 200g Kokosöl
- 1 Zwiebel
- 1 Apfel
- 3 EL gehackte Haselnüsse
- 1 TL Salz
- 1 TL Paprika
- 1 Prise Kreuzkümmel
- 1 Prise Pfeffer

Zubereitung

- Zwiebel klein hacken, Apfel klein würfeln
- Kokosöl in einem Topf erwärmen und Zwiebel darin glasig anbraten.
- Die restlichen Zutaten zugeben und kurz mitdünsten.
- Nochmal abschmecken und nach Belieben nachwürzen.
- Schmalz in eine Schüssel geben und abkühlen lassen.
- Wenn die Masse beginnt fest zu werden, mit einem Schneebesen gut durchrühren.
- Zwiebelschmalz in ein Glas füllen.

Guacamole

Zutaten

- 2 Avocado
- Saft von einer Limette
- 2 Knoblauchzehen
- 3 Prisen Chilipulver
- 2 Prisen Salz
- 1 TL Pfeffer

Zubereitung

- Die Avocados halbieren, entkernen und schälen.
- Alle Zutaten mixen und fein pürieren.

Erdnussbutter

Zutaten

- 400 g geröstete Erdnüsse (ungesalzen)
- 30 ml Pflanzendrink (Empfehlung: Mandeldrink)
- ½ TL Salz

Zubereitung

- Alle Zutaten im Mixer zu einer cremigen Masse pürieren.
- Die Erdnussbutter hält im Kühlschrank bis zu 14 Tage

Erdmandelcreme

Zutaten

- 180 g Erdmandeln
- 120 g Cashewkerne
- 2 EL Agavendicksaft
- 1 TL Vanillezucker
- ½ TL Salz

Zubereitung

- Erdmandeln und Cashewkerne über Nacht einweichen lassen.
- Erdmandeln und Cashewkerne abgießen und abtropfen lassen.
- Alle Zutaten miteinander pürieren.
- Sollte die Creme zu fest werden, nochmal Agavendicksaft zufügen und nochmals pürieren.

Rote Rübenaufstrich

Zutaten

- 2 gekochte, rote Rüben
- 70 g Sonnenblumenkerne
- 1 TL Zitronensaft
- 1 TL (Oliven)Öl
- 2 Prisen Salz

Zubereitung

- Rote Rüben in kleinen Stücke schneiden.
- Alle anderen Zutaten hinzufügen und miteinander pürieren.

Champignonaufstrich

Zutaten

- 300 g Champignons
- 3 EL Wallnusskerne
- 1 Zwiebel
- 2 EL Petersilie
- 2 EL Thymian
- 5 EL Olivenöl
- ½ TL Pfeffer
- ½ TL Salz

Zubereitung

- Zwiebel fein hacken, Champignons in kleine Stücke schneiden.
- 1 EL vom Öl in einer Pfanne erhitzen und die Zwiebel glasig anbraten.
- Champignons und Thymian zugeben und solange anbraten, bis das Wasser der Champignons verdampft ist.
- In eine Schüssel geben und mit den anderen Zutaten vermengen.
- Mit einem Pürierstab pürieren,bis ein streichfähiger Aufstrich entsteht.
- Im Kühlschrank für 2 Stunden abkühlen lassen und dann

in ein steriles Schraubglas geben.

- Der Champignonaufstrich kann 5 Tage im Kühlschrank aufbewahrt werden.

Linsenaufstrich

Zutaten

- 500 g rote Linsen
- 1000 ml Wasser
- 100 ml (Raps)Öl
- 1 Zwiebel
- 3 Knoblauchzehen
- 2 TL Kurkuma
- 1 TL Zitronengras
- 1 TL Koriander
- 1 TL Pfeffer
- 1 TL Kreuzkümmel
- 1 TL Chilipulver
- 1 TL Currypulver
- ½ Ingwer
- ½ TL Salz

Zubereitung

- Zwiebel klein hacken und Knoblauchzehen pressen.
- In einer Pfanne Öl erhitzen und Zwiebel mit Knoblauch darin glasig anbraten.
- Gewürze und Linsen zugeben und bei mittlerer Hitze

solange miträsten bis die Linsen gut mit Öl überzogen sind.

- Wasser zugeben, aufkochen und bei niedriger Hitze köcheln bis die Linsen beginnen zu zerfallen.
- Mit einem Pürierstab aufmixen und abkühlen lassen.
- Der Aufstrich hält 4 Tage im Kühlschrank und kann auch eingefroren werden.

Kokosaufstrich

Zutaten

- 250 ml Sojadrink
- 100 g Kokosraspeln
- 50 ml Sojasahne
- 100 g (Kokosblüten)Zucker
- 2 Päckchen Vanillezucker

Zubereitung

- Alles, ausser Kokosraspeln, miteinander verrühren.
- Die Masse in einen Topf erwärmen und für eine Stunde, bei niedriger Hitze eindicken lassen.
- Die Kokosraspeln unterheben und abkühlen lassen.
- Im Kühlschrank hält sich der Aufstrich bis zu einer Woche.

Suppen

Kokos - Süßkartoffelsuppe

Zutaten (4 Portionen)

- 1 Süßkartoffel
- 2 Frühlingszwiebeln
- 10 Champignons
- 8 Kirschtomaten
- 300 ml Gemüsebrühe
- 200 ml Kokosmilch
- ½ TL Zitronengras
- ½ TL Ingwer
- 1 EL Zitronensaft
- ½ TL Salz

Zubereitung

- Die Süßkartoffel schälen und klein schneiden.
- Die Frühlingszwiebeln in Ringe schneiden, Champignons und Tomaten halbieren.
- Gemüsebrühe in einem Topf aufkochen und die Süßkartoffel darin 5 Minuten kochen.
- Kokosmilch, Zitronengras, Ingwer, 1 EL Zitronensaft, die Tomaten und die Champignons dazugeben und weitere 5 Minuten köcheln.

- Die Frühlingszwiebeln hinzugeben und kurz ziehen lassen.
- Mit Salz abschmecken.
- Wer es gerne dünner mag, kann die Suppe jetzt auch pürieren.

Zwiebelsuppe

Zutaten (4 Portionen)

- 6 Zwiebeln
- 1 EL Mehl
- 1000 ml warme Gemüsebrühe
- 250 ml Weißwein
- 80 g Butter
- 4 (etwa 2 cm dicke) Scheiben Baguette
- 100 g geriebener Käse
- 1 TL Zucker
- 1 TL Paprikapulver
- ½ TLSalz
- ¼ TL Pfeffer

Zubereitung

- Zwiebel in feine Ringe schneiden.
- 50 g Butter in einem Topf erhitzen und Zwiebeln glasig andünsten.
- Mit Mehl bestreuen und mit Salz, Pfeffer und Zucker würzen.
- Unter ständigem Rühren kurz anbraten lassen.
- Gemüsebrühe und Weißwein zugeben, aufkochen und 20

Minuten leicht köcheln lassen.

- Restliche Butter in einer Pfanne erhitzen und Baguette knusprig braun braten.
- Backofen auf 200 Grad Umluft vorheizen.
- Zwiebelsuppe in 4 feuerfeste Schälchen füllen, Baguette auf die Suppe legen, mit geriebenen Käse und Paprikapulver bestreuen.
- Zwiebelsuppe im Backofen goldbraun überbacken und gleich servieren.

Knoblauchcremesuppe

Zutaten

- 6 Knoblauchzehen
- 1000 ml warme Gemüsebrühe
- 4 Toastbrotscheiben
- 250 ml Sahne
- 2 EL Petersilie
- 1 TL Salz

Zubereitung

- Knoblauchzehen klein hacken.
- Toast würfeln.
- Gemüsebrühe im Topf aufkochen, Knoblauch und Salz zugeben.
- Für 5 Minuten köcheln lassen.
- Toast zugeben und für weitere 10 Minuten köcheln lassen.
- Sahne zugeben und mit einem Pürierstab die Suppe pürieren.
- 5 Minuten ziehen lassen.
- Mit Petersilie bestreuen und in tiefen Tellern servieren.

Kürbissuppe

Zutaten (4 Portionen)

- 500 g Hokkaido Kürbis
- 600 ml Gemüsesuppe
- 1 Zwiebel
- 1 Knoblauchzehe
- ½ TL Ingwerpulver
- 1 Prise Muskatnuss
- 2 Prisen Pfeffer
- 1 Prise Salz
- 3 EL (Raps)Öl zum Anbraten
- Kürbiskernöl zum Beträufeln

Zubereitung

- Kürbis entkernen und in kleine Würfel schneiden.
- Knoblauchzehe pressen und Zwiebel klein würfeln.
- In einem erhitzten Topf mit Öl glasig andünsten.
- Kürbis zugeben und kurz mit anbraten.
- Mit der Gemüsesuppe aufgießen.
- Gewürze zugeben und 20 Minuten köcheln lassen.
- Wenn der Kürbis weichgekocht ist, die Suppe pürieren.

- Sollte die Suppe zu dickflüssig sein mit etwas Wasser verflüssigen und kurz aufkochen.
- Suppe im Teller servieren und mit Kürbiskernöl beträufeln.

Kartoffelsuppe

Zutaten (4 Portionen)

- 500 g Kartoffeln
- 500 g Suppengemüse (Möhren, Wurzelpetersilie, Porree, Sellerie)
- 1 Zwiebel
- 1 L Gemüsebrühe
- 50 ml Sahne
- 2 EL Petersilie
- Salz, Pfeffer Thymian und Majoran
- 2 EL Öl

Zubereitung

- Kartoffeln und Suppengemüse waschen, schälen und klein schneiden. Zwiebel klein hacken.
- 1 EL Öl in einem großen Topf erhitzen und die Kartoffeln mit dem Suppengemüse kurz anbraten
- Gemüsebrühe hinzugeben und 30 Minuten köcheln lassen.
- Die Suppe pürieren.
- Restliches Öl in einer kleinen Pfanne erhitzten und die Zwiebel darin goldgelb dünsten.
- Die Suppe nach Belieben mit Salz, Pfeffer, Thymian, Majoran würzen.

- Die Zwiebel und die Sahne in die Suppe rühren und noch 5 Minuten ziehen lassen.
- In tiefen Tellern servieren und mit Petersilie bestreuen.

Käsesuppe

Zutaten (4 Portionen)

- 100 g geriebener Gouda
- 200 g Schmelzkäse
- 150 g Champignons
- 1 Zwiebel
- 500 ml Gemüsebrühe
- 500 ml Milch
- 1 EL Weißwein
- 2 EL Mehl
- 2 EL Öl
- 2 EL Schnittlauch
- 1 TL Pfeffer

Zubereitung

- Zwiebel klein hacken und Champignons in Scheiben schneiden.
- Öl in einem Topf erhitzten und die Zwiebel darin glasig anbraten.
- Mehl zufügen und eine klassische Mehlschwitze herstellen.
- Gemüsebrühe und Milch zugeben und unter ständigem

Rühren aufkochen.

- Den Topf vom Herd nehmen und Schmelzkäse einrühren.
- Wenn der Schmelzkäse geschmolzen ist den Gouda unterrühren.
- Wenn der Gouda geschmolzen ist die Suppe wieder aufkochen.
- Herd abdrehen, Champignons, Weißwein und Pfeffer zugeben.
- 5 - 10 Minuten ziehen lassen.
- In tiefen Tellern servieren und mit Schnittlauch bestreuen.

Paprikasuppe

Zutaten (4 Portionen)

- 5 Paprika
- 1 Zwiebel
- 1 Knoblauchzehe
- 300 ml Gemüsebrühe
- 180 ml Kokosmilch
- 1 EL Speisestärke
- 2 EL (Raps)Öl
- Salz sowie Chiliflocken

Zubereitung

- Paprika putzen und grob würfeln, Zwiebel klein würfeln und Knoblauchzehe pressen.
- Einen Topf mit Öl erhitzen und die Zwiebel glasig anbraten.
- Paprikawürfel zufügen, anbraten und mit Brühe ablöschen.
- Knoblauch zugeben und 20 Minuten leicht köcheln lassen.
- Die Suppe pürieren.
- Die Kokosmilch mit der Speisestärke gut verrühren und mit Salz und Chili abschmecken.

Brokkolicremesuppe

Zutaten (4 Portionen)

- 1 Brokkoli
- 4 Kartoffeln
- 1 Zwiebel
- 1 Knoblauchzehe
- 800 ml Gemüsebrühe
- 200 ml Milch
- 2 EL Margarine
- Salz

Zubereitung

- Kartoffeln würfeln, Zwiebel kleine würfeln, Knoblauchzehe pressen.
- Einen Topf mit Öl erhitzen und die Zwiebel glasig anbraten.
- Gemüsebrühe, Knoblauch und Kartoffeln zugeben und im geschlossenen Topf 5 Minuten kochen.
- Währenddessen Brokkoliröschen abtrennen und die Stiele klein schneiden.
- Brokkoli zugeben und weitere 15 Minuten kochen.
- Milch und Margarine hinzugeben, pürieren.
- Mit Salz abschmecken und noch einmal kurzaufkochen lassen.

Champignonsuppe

Zutaten (2 Portionen)

- 150 g Champignons
- 1 Zwiebel
- 1 Knoblauchzehe
- 300 g Gemüsebrühe
- 75 g Sahne
- ½ TL Pfeffer
- 1 TL Salz
- 2 EL (Raps)Öl

Zubereitung

- Champignons in Scheiben schneiden, Zwiebel klein würfeln und Knoblauchzehe pressen.
- Einen Topf mit Öl erhitzen und die Zwiebel glasig anbraten.
- Gemüsebrühe und Champignons zugeben und 10 Minuten köcheln lassen.
- Sahne zugeben und nochmals aufkochen und 5 Minuten ziehen lassen.
- Suppe mit Salz und Pfeffer abschmecken und in tiefen Tellern servieren.

Tomatensuppe mit Gemüse

Zutaten (4 Portionen)

- 1 Dose gehackte Tomaten
- 1 Dose passierte Tomaten
- 3 Karotten
- 1 Zwiebel
- 2 Knoblauchzehen
- 1 Lauch
- 1 Lauchzwiebel
- 1 Zucchini
- 2 EL (Kokos)Öl
- Salz zum Abschmecken

Zubereitung

- Das Gemüse klein schneiden, Knoblauchzehen pressen.
- Einen Topf mit Öl erhitzen und die Zwiebel glasig anbraten.
- Alle Zutaten außer Tomaten zugeben und 5 Minuten köcheln lassen.
- Tomaten in den Topf geben und bei kleiner Hitze 20 Minuten köcheln lassen.
- Suppe pürieren und mit Salz abschmecken.

Minestrone

Zutaten (4 Portionen)

- 1000 ml Gemüsebrühe
- 700 g Gemüse nach Wahl (z.b. Kartoffel, Karotte, Tomaten usw)
- 1 Zwiebel
- 1 TL Salz
- 3 EL Olivenöl zum Anbraten
- 120 g kleine italienische Hartweizennudeln

Zum Servieren:

- 6 TL Olivenöl

Zubereitung

- Zwiebel und Gemüse klein hacken.
- Öl in einem Topf erhitzen und Zwiebel darin glasig anbraten.
- Gemüsebrühe und Gemüse zugeben.
- Aufkochen und die Suppe 20 Minuten bei niedriger Hitze köcheln lassen.
- Salz und Nudeln zugeben.
- Zeit gemäß Packungsangabe der Nudeln kochen lassen. Minestrone in tiefe Teller geben und mit Öl betreufeln.

Spargelcremesuppe

Zutaten

- 250 g weißer Spargel
- 900 ml Wasser (Spargelwasser und Brühe)
- 100 ml Sahne
- 40 g Mehl
- 1 Brühwürfel
- 1 TL Zitronensaft
- 1 TL Zucker
- 1 Prise Muskat
- 2 EL (Raps)Öl
- Salz zum Abschmecken
- Optional: 2 EL Weißwein

Zubereitung

- Spargel schälen und in 3- 4 cm langer Stücke schneiden.
- Wasser in einen Topf aufkochen, leicht salzen und den Spargel gar kochen.
- Spargel abgießen und das Spargelwasser auffangen.
- Spargelwasser abmessen und bei Bedarf mit Wasser auffüllen, das es 900 ml ergibt.
- Öl in einem Topf erhitzen, Mehl zugeben und unter

ständigem Rühren hellgelb anschwitzen.

- Flüssigkeit und Brühwürfel, (Optional Weißwein) zugeben, aufkochen und den Herd abschalten.
- Sojasahne zugeben und die Suppe 5 Minuten ziehen lassen.
- Spargel, Zucker, Muskat und Zitronensaft zugeben.
- Die Suppe kann jetzt nach Belieben püriert werden.
- Mit Salz und Pfeffer abschmecken und in tiefen Tellern servieren.

Lauchsuppe

Zutaten (2 Portionen)

- ½ Stange Lauch
- 2 EL Mehl
- 500 ml Gemüsebrühe
- 4 EL Pflanzendrink
- 1 EL Zitronensaft
- 2 EL Margarine

Zubereitung

- Wurzeln und äußere Blätter vom Lauch entfernen, grünes Ende längs einschneiden und gründlich waschen.
- Schneiden Sie den Lauch in Ringe
- Margarine in einem Topf erhitzen und Lauch darin anbraten.
- Mehl einrühren, bis sich mit der Magarine verbunden hat.
- Gemüsebrühe, Pflanzendrink und Zitronensaft zugeben, und nur kurz aufkochen.

Linsensuppe

Zutaten (4 Portionen)

- 250 g rote Linsen (trocken)
- 1 Zwiebel
- 4 Kartoffeln
- 1 Bund Suppengemüse
- 3 Lorbeerblätter
- 1 L Gemüsebrühe
- 3 EL gehackte Petersilie
- Pfeffer und Salz zum Abschmecken
- 3 EL (Raps)Öl

Zubereitung

- Linsen in reichlich Wasser ohne Salz aufkochen und 15 Minuten, auf niedriger Stufe köcheln lassen.
- Zwiebel klein hacken, Kartoffeln schälen und in kleine Würfel schneiden, das Suppengemüse putzen und in sehr kleine Würfel schneiden.
- Linsen in ein Sieb abgießen und abtropfen lassen.
- Zwiebel und Suppengemüse in einem großen Topf mit Öl andünsten.
- Kartoffelwürfel hinzugeben und mit Gemüsebrühe ablöschen.

- Lorbeerblätter und die vorgekochten Linsen hinzufügen.
- Die Linsensuppe muss so lange gekocht werden, bis die Kartoffelwürfel weich sind.
- Zum Schluss kommt die gehackte Petersilie hinzu und die Suppe mit Pfeffer und Salz abschmecken.

Steckrübensuppe

Zutaten (4 Personen)

- ½ Steckrübe
- 1 Zwiebel
- 1000 ml (kalte) Gemüsebrühe
- 250 ml Sahne
- 3 EL Butter
- 2 EL Mehl
- ½ TL Muskat
- 4 EL Hefeflocken
- Salz und Pfeffer zum Abschmecken
- Petersilie zum Garnieren

Zubereitung

- Zwiebel und Steckrübe klein würfeln
- Butter in einem Topf erhitzen und Gemüse darin gut andünsten.
- Mit Mehl bestäuben und eine Mehlschwitze bereiten.
- Gemüsebrühe zugeben und aufkochen lassen.
- Auf mittlerer Stufe 25 Minuten köcheln lassen.
- Die Suppe mit einem Pürierstab cremig pürieren.
- Sahne und Muskat zugeben und nochmal aufkochen

lassen.

- 3 Minuten auf mittlerer Stufe köcheln lassen.
- Hefeflocken einrühren und mit Salz und Pfeffer abschmecken.
- Die Suppe mit Petersilie garniert servieren.

Salate

Karottensalat

Zutaten (4 Portionen)

- 1 kg Karotten
- 1 Zwiebel
- 1 Knoblauchzehe
- 100 ml (Raps)Öl
- 1 EL Essig
- 1 TL Salz
- 1 TL Salz
- 1 TL Koriander
- 1 TL Zucker

Zubereitung

- Karotten raspeln und mit Essig vermengen.
- Knoblauchzehe pressen und Zwiebel klein würfeln.
- Öl in einem Topf erhitzen.
- Zwiebel und Knoblauch zugeben und bei mittlerer Hitze Stufe 3 Minuten anbraten.
- Den Topfinhalt über die Karotten gießen und mit den restlichen Zutaten verrühren.
- Vor dem Servieren 15 Minuten ziehen lassen.

Schneller Rotkohlsalat

Zutaten

- ½ Kopf Rotkohl
- 300 g Karotten
- 1 Apfel
- 4 EL Limettensaft
- 6 EL Orangensaft
- 4 EL (Raps)Öl
- 1 TL Salz
- ½ Teelöffel Currypulver

Zubereitung

- Karotten und Äpfel putzen, die Äpfel entkernen.
- Den Rotkohl putzen und in grobe Stücke schneiden.
- Alle Zutaten in den Mixer geben.
- 4 Sekunden auf niedriger Stufe grob zerkleinern und mit einem Löffel nach unten schieben.
- Nochmals 4 Sekunden auf mittlerer Stufe zerkleinern.

Tomatensalat

Zutaten (4 Portionen)

- 500 g Tomaten
- 3 EL Balsamico - Essig
- 1 Bund Petrsilie oder Schnittlauch
- Pfeffer und Salz

Zubereitung

- Tomaten vierteln. Petersilie fein hacken, bzw. Schnittlauch klein schneiden.
- Tomaten in eine Schüssel geben und mit Balsamico beträufeln.
- Mit Salz und Pfeffer abschmecken.
- Mit Petersilie bzw. Schnittlauch garnieren.

Schichtsalat

Zutaten (4 Portionen)

- 2 Salatherzen
- 2 Paprika
- 200 g aufgetaute TK-Erbsen
- 2 Zwiebeln
- 1 Glas Sellerieschnitzel
- 3 Eier
- 1 Glas Mayonnaise
- 2 EL Zucker
- 150 g geriebener Käse

Zubereitung

- Salatherzen in Streifen schneiden, Paprika in Stücke schneiden, Zwiebeln fein würfeln, Eier in Würfel schneiden.
- Alle Zutaten, so wie in der Zutatenliste angeben, der Reihe nach in einer Schüssel aufschichten.
- Mindestens 12 Stunden, am besten über Nacht im Kühlschrank durchziehen lassen.

Rote Bete Salat

Zutaten (4 Portionen)

- 1 Packung Rote Bete, gekocht und geschält
- 1 Handvoll Walnüsse
- 1 Handvoll getrocknete Pflaumen
- 1 Knoblauchzehe
- 1 TL Salz
- 1 TL Zucker

Zubereitung

- Knoblauchzehe pressen und Rote Bete reiben.
- Alle Zutaten miteinander vermengen.
- Mindestens 2 Stunden im Kühlschrank ziehen lassen.

Brokkoli Salat

Zutaten (4 Portionen)

- 500 g Brokkoli
- 2 hartgekochte Eier
- 1 Bund Sellerie
- 3 EL Mayonnaise
- 1 EL Apfelessig
- 1 TL Salz

Zubereitung

- Brokkoli und Eier klein hacken. Sellerie klein schneiden.
- Miteinander vermengen und Mayonnaise, Essig und Salz unterrühren.
- Bis zum Verzehr im Kühlschrank aufbewahren.

Löwenzahnsalat

Zutaten (4 Portionen)

- 150 g Löwenzahnblätter
- 50 g Sauerrahm
- 1 hartgekochtes Ei
- 2 EL fein gehackte Rosinen
- 2 EL Honig
- 1000 ml kochendes Wasser
- 2 TL Salz

Zubereitung

- Löwenzahnblätter in einem Sieb ausspülen.
- Löwenzahn in eine Schüssel geben.
- Mit kochendem Wasser übergießen, Salz zugeben und 30 Minuten einweichen lassen.
- Löwenzahnblätter abtrocknen und in mittelgroße Streifen hacken.
- Mit Honig, Rosinen und Sauerrahm verrühren.
- Evtl. noch mit Salz abschmecken.
- Bis zum Verzehr im Kühlschrank aufbewahren.
- Ei in Scheiben schneiden und den Salat damit dekorieren.

Koreanischer Gurkensalat

Zutaten (4 Portionen)

- 1 große Gurke
- 1 Frühlingszwiebel
- 1 Knoblauchzehe
- 2 EL Reisessig
- 1 EL Sojasauce
- 1 EL Sesam
- 1 EL Zucker
- 1 TL Chiliflocken (z.b. koreanische Gochugaru)
- 1 TL Sesamöl
- 1 TL Salz

Zubereitung

- Gurke waschen und in 1 cm dicke Scheiben schneiden.
- Gurke mit Salz in einer Schüssel verrühren und 30 Minuten ziehen lassen.
- In einer Pfanne Sesam ohne Öl anrösten und in einen Teller geben.
- Frühlingszwiebel klein schneiden, Knoblauchzehe pressen.
- Alle Zutaten, außer der Gurke und Sesam, in der Schüssel verrühren.

- Nach 30 Minuten die Gurke gut abwaschen und in die Schüssel geben.
- Alles gut vermischen.
- Auf Teller geben und mit Sesam garnieren.

Bulgursalat

Zutaten (4 Portionen)

- 1 Bund Frühlingszwiebeln
- 300 g Bulgur
- 300 ml Tomatensaft
- 300 ml Wasser
- 3 EL Petersilie
- 4 EL Erdnüsse
- 1 Prise Zimt
- 1 Prise Pfeffer
- 1 Prise Salz
- 7 EL (Raps)Öl

Zubereitung

- Frühlingszwiebel in feine Ringe schneiden.
- Öl in einer Pfanne erhitzen und die Frühlingszwiebel darin andünsten.
- Bulgur hinzufügen und für 2 Minuten, bei mittlerer Hitze anbraten.
- Wasser, Tomatensaft, Salz und Pfeffer hinzufügen.
- Bulgur für 10 Minuten, zugedeckt bei kleiner Flamme köcheln lassen.

- In einer Pfanne die Erdnüsse anrösten.
- Zimt darüber streuen und mitrösten.
- Petersilie und Erdnüsse unter den Bulgur mischen und heiß servieren.

Hauptspeisen

Nudelpfanne mit Champignons

Zutaten (4 Portionen)

- 250 g Spaghetti
- 1 TL Kurkuma
- 1 Zwiebel
- 3 kleine Zucchini
- 250 g Champignons
- 1 TL Kreuzkümmel
- 1 EL Currypulver
- 4 EL Schnittlauch oder Petersilie (frisch oder TK)
- 2 EL Sojasoße
- (Sesam)Öl zum Anbraten
- Pfeffer und Salz

Zubereitung

- Spaghetti in vier Teile brechen (vierteln), kochen und dabei Kurkuma ins Kochwasser geben.
- Champignons und Zucchini in dünne Scheiben schneiden.
- Die Zwiebel in halbe Scheiben schneiden, mit 1 EL Öl 3 Minuten anbraten.

- Champignons dazugeben und 3 Minuten mitbraten.
- Zucchini, Kreuzkümmel, Currypulver hinzugeben und 5 Minuten braten.
- Spaghetti, Sojasoße, Pfeffer, Schnittlauch/ Petersilie dazugeben und gut vermischen.

Gefüllte Champignons

Zutaten (4 Portionen)

- 250 g Champignons
- 80 g geriebener Käse
- 150 g Frischkäse
- 1 Zwiebel
- 1 Paprika
- 2 EL (Oliven)Öl
- Paprikapulver
- Prise Pfeffer
- ½ TL Salz 1 TL

Zubereitung

- Den Backofen auf 180° C Umluft vorheizen.
- Ein Backblech mit Backpapier auslegen.
- Zwiebel schälen in kleine Stücke schneiden. Paprika würfeln.
- Champignons putzen und das Innere herausschneiden.
- Öl in einer Pfanne bei erhitzen und das Innere der Champignons darin andünsten.

- Frischkäse, Paprika Zwiebel, Paprikapulver, Pfeffer und Salz zugeben.
- Diese Mischung in die Champignons füllen und mit dem geriebenen Käse bedecken.
- Champignons auf ein mit Backpapier ausgelegtes Backblech stellen.
- Im Ofen 15 - 20 Minuten backen.

Spinatknödel

Zutaten (6 Knödel)

- 250 g – 300 g Knödelbrot
- 300 g TK Spinat, abgetropft
- 2 Eier
- 250 ml Milch
- 1 Zwiebel
- 1 Knoblauchzehe
- 1 EL Mehl
- 1 TL Salz
- 2 Prisen Pfeffer
- 1 EL Rapsöl

Sauce:

- 200 g Butter
- 2 EL Parmesan

Zubereitung

- Knödelbrot in eine große Schüssel geben.
- Zwiebeln würfeln und Knoblauch fein pressen.

- In einer Pfanne mit Öl glasig braten.
- Spinat zugeben und aufkochen lassen.
- Milch zugeben und 2 Minuten bei mittlerer Hitze köcheln lassen.
- Eier, Mehl, Salz und Pfeffer unterheben und gut durchrühren.
- Alles in die Schüssel zu dem Knödelbrot geben und etwas abkühlen lassen.
- Durchmischen und Knödel formen.
- Die Knödel in einem Topf mit leicht köchelndem Salzwasser 20 Minuten ziehen lassen.
- Butter in einem Topf langsam erhitzen.
- Wenn die Butter flüssig ist Parmesan hinzugeben.
- Knödel auf einen Teller geben und mit der Sauce übergossen servieren.

Kartoffelgratin

Zutaten (2 Portionen)

- 500 g Kartoffeln
- 125 g Sahne
- 80 ml Milch
- 150 g geriebenen Käse
- Etwas Margarine zum Ausstreichen der Auflaufform
- Salz
- Pfeffer
- Muskatnuss

Zubereitung

- Backofen auf 180° C Umluft vorheizen.
- Auflaufform mit etwas Butter ausstreichen.
- Kartoffeln schälen, waschen und in dünne Scheiben schneiden.
- Kartoffelscheiben in die vorbereitete Form schichten, dabei jede Lage mit Salz, Pfeffer und Muskat würzen.
- Sahne mit Milch verrühren und zugeben.
- Geriebenen Käse auf dem Gratin verteilen.

- Im Ofen ca. 45 Minuten backen, bis die Kartoffeln weich sind und die Flüssigkeit ausgesogen ist.

Chili sin Carne

Zutaten (4 Portionen)

- 400 g Tofu Natur
- 2 Dosen Kidneybohnen
- 1 Zwiebel
- 1 Dose Mais
- 1 Paprika
- Salz, Pfeffer, Paprikapulver und Chilipulver
- 4 EL Tomatenmark
- 1 EL (Raps)Öl
- ein wenig Gemüsebrühe

Zubereitung

- Zwiebel und Paprika schälen und klein würfeln.
- Tofu mit Küchenpapier abtrocknen und klein würfeln.
- Öl in einem Topf erhitzen.
- Tofu und die Zwiebel 5 Minuten lang bei geschlossenem Deckel anbraten lassen.
- Paprikawürfel hinzu geben und kurz mitbraten.
- Abgetropfte Kidneybohnen und abgetropften Mais

hinzugeben und das Tomatenmark einrühren.

- Nach und nach wird das Ganze mit etwas Gemüsebrühe so aufgefüllt, dass es die typische Konsistenz von Chili erreicht.
- Nach dem Abwürzen wird das Chili erneut aufgekocht.

Falafel

Zutaten

- 120 g Kichererbsenmehl
- 1 Zwiebel
- 2 Knoblauchzehen
- 200 ml Wasser
- 1 El Petersilie
- 1 TL Salz
- ½ TLKreuzkümmel
- ½ TL Zitronensaft
- 1 TL (Oliven)Öl
- 1 Prise Backpulver
- (Oliven)Öl zum Braten

Zubereitung

- Zwiebel fein würfeln und die Knoblauchzehen pressen.
- Wasser in einem Topf zum Kochen bringen.
- Alle trockenen Zutaten miteinander verrühren und mit dem kochenden Wasser übergießen.
- Gut miteinander vermischen und 15 Minuten quellen lassen.
- Teig mit Zitronensaft und Öl mischen.

- Öl in einer Pfanne erhitzen.
- Mit befeuchteten Händen Falafel formen und bei mittlerer Hitze ausbraten.
- Wenn möglich nur einmal wenden und zugedeckt braten.

Räuchertofu Auflauf

Zutaten (4 Portionen)

- 200 g Räuchertofu
- 400 Tomatenstücke (aus der Dose)
- 50 ml Sahne
- 2 Zwiebeln
- 3 Knoblauchzehen
- 2 Paprika
- 1 Aubergine
- 1 EL (Raps)Öl
- 1 TL Oregano
- Salz und Pfeffer

Zubereitung

- Backofen auf 180° C Umluft vorheizen.
- Zwiebeln in Würfel schneiden, Knoblauch pressen, Paprika und Aubergine sowie den Tofu in ca. 1 cm große Würfel schneiden.
- Öl in einer Pfanne erhitzen und Zwiebel mit Knoblauch glasig anschwitzen

- Paprika zugeben und 8 Minuten bei milder Hitze dünsten.
- Die warme Gemüse-Mischung zusammen mit den Tofu- und Auberginenwürfeln in eine flache Auflaufform geben und mischen.
- Tomaten mit der Sahne verrühren und mit Pfeffer, Salz und Oregano abschmecken.
- Über den Auflauf geben und im Backofen ca. 45 Minuten schmoren lassen.

Frühlingsrollen

Zutaten (4 Personen)

- 200 g Mungobohnensprossen
- 1 Paprika
- 2 Karotten
- 100 g Weißkohl
- 2 Knoblauchzehen
- 1 kleine Zwiebel
- 2 EL Sojasoße
- 1 EL Koriander
- 1 TL Ingwer
- 2 EL (Erdnuss)Öl zum Anbraten
- 20 Blatt Frühlingsrollenteig (oder Filoteig)
- (Erdnuss)Öl zum Bepinseln

Zubereitung

- Backofen auf 180 Grad C Umluft vorheizen.
- Salat, Gemüse kleinschneiden und Knoblauchzehen pressen.
- Öl im Wok, oder einer großen Pfanne, erhitzen und Knoblauch, Zwiebel, Karotten und Weißkohl 2 Minuten, auf mittlerer Stufe anbraten.
- Paprika, Mungobohnensprossen zugeben und weitere 3

Minuten mitbraten.

- Mit Sojasoße, Ingwer und Koriander würzen.
- Die Füllung in die Teigblätter, gemäß Packungshinweis, einrollen.
- Die Rollen danach mit Öl bepinseln und auf 2 mit Backpapier ausgelegte Backbleche legen.
- Im Ofen 12 Minuten backen und nach der Hälfte der Zeit evtl. Einmal drehen.

Thai Curry

Zutaten (4 Portionen)

- 250 g Tofu
- 1 Knoblauchzehe
- 30 g frischer Ingwer
- 1 grüne Chilischote
- 3 Frühlingszwiebeln
- 250 g grüner Spargel
- 200 ml Kokosmilch
- 200 ml Gemüsebrühe
- 100 g Sojasprossen
- 2 EL Curry
- 1 EL Zitronensaft
- 3 EL (Kokos)Öl
- 1 Prise Zucker
- Salz

Beilage: Reis

Zubereitung

- Tofu abtrocknen und in 2 cm große Würfel schneiden.
- 1 TL Currypulver mit 2 El Öl verrühren, mit dem Tofu mischen und 15 Min. marinieren.
- Ingwer klein hacken, Knoblauch pressen und Chili fein würfeln.
- Frühlingszwiebeln putzen. Vom Spargel das untere Drittel schälen, die Enden abschneiden. Frühlingszwiebeln und Spargel schräg in 3 cm lange Stücke schneiden.
- Tofu in einem heißen Wok rundherum 5 Min. anbraten, salzen und herausnehmen.
- 1 El Öl im Wok erhitzen. Knoblauch, Ingwer, Chili, Frühlingszwiebeln und Spargel unter Rühren 5 Min. braten und salzen.
- Mit 1 TL Currypulver bestäuben und kurz mitbraten.
- Kokosmilch und Brühe zugießen, aufkochen und bei mittlerer Hitze 7 Min. köcheln lassen.
- Tofu und die Hälfte der Sojasprossen untermischen und 3 Min. mitkochen.
- Mit Salz, 1 Prise Zucker und Zitronensaft abschmecken.
- Mit den restlichen Sojasprossen bestreut servieren.
- Als Beilage empfehle ich Reis.

Nudelauflauf

Zutaten (4 Portionen)

- 500 g Nudeln (Penne)
- 250 g geriebenen Gouda
- 400 ml Sahne
- 4 Tomate
- 3 Knoblauchzehen
- 1 Tube Tomatenmark
- 100 ml (Raps)Öl
- 1 TL Oregano
- Salz und Pfeffer zum Abschmecken

Zubereitung

- Nudeln nach Packungsangabe kochen.
- Backofen auf 180° C Umluft vorheizen.
- Tomaten vierteln, Knoblauch pressen.
- Öl, Sahne, Tomatenmark, Kräuter und Oregano miteinander vermischen und mit Salz und Pfeffer abschmecken.
- Die Nudeln, Knoblauch und die Hälfte des geriebenen Käses mit der Soße gut vermischen und in eine hohe

Auflaufform geben.

- Die Tomaten auf den Auflauf legen und mit dem restlichen Käse bestreuen.
- Über den Auflauf geben und im Backofen ca. 35 Minuten überbacken.
- Wenn der Käse schön zerlaufen ist, aus dem Ofen nehmen und servieren.

Bulgurauflauf

Zutaten (4 Portionen)

- 300 g Bulgur
- 300 ml Gemüsebrühe
- 3 Karotten
- 3 Zucchini
- 3 Paprika
- 250 g Feta (gewürfelt)
- 100 g getrocknete Tomaten (geschnitten)
- 80 g Pinienkerne
- 1 TL Curry
- 1 TL Kurkuma
- 1 TL Harissa
- Salz und Pfeffer zum Abschmecken

Zubereitung

- Gemüsebrühe mit den Gewürzen vermengen und aufkochen.
- Vom Herd nehmen, Bulgur zugeben und 45 Minuten

ziehen lassen.

- Zucchini, Paprika und Karotten in Stücke schneiden.
- Backofen auf 180° C Umluft vorheizen.
- Pinienkerne ohne Öl in einer Pfanne rösten und mit Feta und getrockneten Tomaten vermengen.
- Öl in einer Pfanne erhitzen und Zucchini, Paprika und Karotten darin anbraten.
- Angebratenes Gemüse unter den Bulgur mischen.
- Die Hälfte in eine Auflaufform geben dann mit der Feta, Tomaten, Pinienkernmischung (ebenfalls die Hälfte) bestreichen.
- Restliche Hälften zugeben und im Backofen für 25 Minuten backen. Portionieren und genießen.

Ofengemüse

Zutaten (4 Portionen)

- 4 Kartoffeln
- 1 Zucchini
- 2 Paprika
- 2 Zwiebeln
- 4 EL Olivenöl
- 1 - 2 EL Gewürze nach Belieben (Rosmarin, Tyhmian, Oregano...)
- Salz und Pfeffer nach Belieben

Zubereitung

- Backofen auf 180° C Umluft vorheizen.
- Kartoffeln in Spalten schneiden. Zucchini in Scheiben schneiden. Paprika in Streifen schneiden. Zwiebel in Ringe schneiden.
- Ein Backblech mit einem Backpapier auslegen und das Gemüse darauf gleichmäßig verteilen.
- Gewürze über dem Gemüse verteilen.
- Im Ofen für 30 – 35 Minuten garen.
- Kurz abkühlen lassen und servieren.

Kartoffel - Karotten Rösti

Zutaten (8 Rösti)

- 200 g Kartoffeln
- 200 g Karotten
- 2 EL Milch
- 1 EL Speisestärke
- ½ TL Zitronensaft
- Prise Muskat
- 3 EL (Raps)Öl
- Salz

Zubereitung

- Die Kartoffeln und die Karotten schälen und grob mit einer Küchenreibe zerreiben.
- Mit Milch, Speisestärke, Zitronensaft, Salz und Muskat vermischen.
- Öl in einer Pfanne erhitzen.
- Mithilfe von runden Ausstechern in der Pfanne 8 gleich große Rösti formen.
- Die Ausstecher wegnehmen und die Rösti auf beiden Seiten schön goldbraun braten lassen.

Chop Suey

Zutaten (4 Portionen)

- 2 Paprika
- 150 g Blumenkohl
- 100 g Brokkoli
- 3 Karotten
- 1 Zwiebel
- 100 g Champignons
- ½ Glas Soja-Sprossen
- 6 Mini - Maiskolben
- 200 ml Wasser
- 100 ml Sojasauce
- 2 EL Zucker
- ½ TL Ingwer
- 1 TL Paprika
- 3 EL Öl zum Anbraten

Beilage: Reis

Zubereitung

- Paprika, Champignons, Zwiebel, Blumenkohl, Brokkoli und Karotten in mundgerechte Stücke schneiden.

- Sojasprossen in ein Sieb geben und gut abtropfen lassen.
- Mini-Maiskolben einmal längs und einmal quer halbieren.
- In einem Topf Wasser zum Kochen bringen, vom Herd nehmen, Blumenkohl und Brokkoli hineingeben und ziehen lassen, bis die Soße fertig ist.
- 150 ml Wasser, Sojasauce, Zucker, Ingwer- und Paprikapulver in einem Topf aufkochen lassen.
- Die Stärke in 50 ml Wasser auflösen, dann langsam unter die Sauce rühren.
- Kurz aufkochen, dann bei kleiner Hitze köcheln lassen, bis das Gemüse fertig ist.
- Öl in einer Pfanne erhitzen.
- Zunächst die Karotten hineingeben, nach 2 Minuten Paprika, Champignons, Blumenkohl und Brokkoli, nach nochmal 2 Minuten die Mini-Maiskolben und die Sojasprossen dazugeben und kurz anbraten.
- Die Soße hinzugeben und bei kleiner Hitze kurz köcheln lassen (Das Gemüse sollte noch bissfest bleiben).
- In vorgewärmten Tellern mit Reis servieren.

Spinat - Risotto

Zutaten (4 Portionen)

- 300 g Risotto Reis
- 400 g frischen Baby-Spinat (oder TK Spinat, abgetropft)
- 1 rote Chilischote
- 2 Stängel Zitronengras
- 1 Zwiebel
- 2 Knoblauchzehen
- 1200 ml Gemüsebrühe
- 300 m veganer Weißwein
- 1 EL Zitronensaft
- etwas Salz und Pfeffer
- 2 EL (Oliven)Öl

Zubereitung

- Babyspinat waschen und ihn in feine Streifen schneiden.
- Zwiebel und Knoblauch fein würfeln.
- Chilis entkernen und klein schneiden.
- Zitronengras waschen, putzen und aus jeder Stange einen

Knoten bilden.

- Öl in einem Topf erhitzen und Zwiebel mit Knoblauch andünsten.
- Reis hinzufügen und gut umrühren.
- Nach 1 Minute Weißwein hinzufügen und einköcheln lassen.
- Zitronengras-Knoten hinzugeben, dann schrittweise Gemüsebrühe hinzufügen und Risotto unter ständigem Umrühren für 15 Minuten garen.
- Zitronengras entfernen und Spinatblätter hinzugeben.
- Weitere 5 Minuten unter ständigem Rühren köcheln lassen. (Solange bis der Spinat zusammen gefallen ist)
- Mit Zitronensaft, Salz und Pfeffer abschmecken.

Karotten – Risotto

Zutaten (4 Portionen)

- 500 g Risotoreis
- 5 Karotten
- 1 Zwiebel
- 1 Knoblauchzehe
- 1000 ml Gemüsebrühe
- 250 ml Weißwein
- 1 EL Petersilie
- 1 TL Zitronensaft
- 3 Prisen Pfeffer
- 3 Prise Salz
- 3 EL (Oliven)Öl zum Braten

Optional zum Servieren: geriebener Parmesan

Zubereitung

- Gemüsebrühe in einem Topf zubereiten und warmhalten.
- Zwiebel klein würfeln, Knoblauchzehe pressen und die Karotten zu feinen Stiften schneiden.
- 2 EL Öl in einem Topf erhitzen und Zwiebel und Knoblauch glasig anbraten.
- Den Reis zugeben und kurz andünsten.

- Mit Wein ablöschen.
- Die Karotten hinzufügen und 5 Minuten auf mittlerer Hitze köcheln lassen.
- Die Gemüsebrühe hinzufügen und solange köcheln lassen bis das Risotto weich ist, aber noch Biss hat.
- Restliches Öl mit Petersilie, Zitronensaft, Salz und Pfeffer unterrühren.
- In tiefen Tellern servieren und nach Belieben mit Parmesan bestreuen.

Paprika - Couscous

Zutaten (2 Portionen)

- 300 ml Gemüsebrühe
- 200g Couscous
- 2 Paprika
- 1 EL Tomatenmark
- 2 EL Sojasauce
- 2 EL Currypaste (rot oder gelb)
- 2 EL Weißweinessig
- 2 EL (Oliven)Öl
- Salz, Pfeffer, Chili

Zubereitung

- Currypaste mit Gemüsebrühe in einem Topf erhitzen und zum Kochen bringen.
- Couscous hinzugeben und den Topf wieder vom Herd nehmen.
- Couscous quellen lassen.
- Paprika waschen, entkernen und kleine würfeln und später zum Couscous geben.

- Tomatenmark, Sojasauce und Essig zusammenrühren und zur Couscous-Paprika-Mischung geben.
- Salz, Pfeffer und Chili zugeben und alles abschmecken.

Kürbisragout

Zutaten (4 Portionen)

- ½ Hokkaido-Kürbis
- 250 ml Pflanzendrink
- 2 EL Mehl
- 1 EL Hefeflocken
- 1 Prise Muskat
- 2 EL (Raps)Öl
- Salz

Zubereitung

- Gewaschenen und Entkernten Kürbis in etwa 2x2 Zentimeter große Stücke schneiden.
- Öl in einem Topf erhitzen und Kürbis darin andünsten.
- Mehl einrühren, bis es sich mit dem Öl verbunden hat.
- Langsam Pflanzendrink hinzugeben. Dabei fleißig rühren, damit sich keine Klümpchen bilden werden.
- Hefeflocken zugeben und mit Salz und Muskat abschmecken.
- 15 Minuten, unter gelegentlichem Umrühren, auf niedriger Stufe köcheln lassen, bis die Kürbiswürfel weich sind.

Baked Beans

Zutaten (4 Portionen)

- 2 Dosen weiße Bohnen
- 400 g passierte Tomaten
- 3 EL Tomatenmark
- 1 Zwiebel
- 1 Knoblauchzehe
- 3 EL Zucker
- 1 EL (Raps)Öl
- Salz
- Pfeffer
- Chilipulver

Zubereitung

- Backofen auf 180 C Umluft vorheizen.
- Knoblauchzehe pressen und Zwiebel klein hacken.
- Öl in einer Pfanne erhitzen und Zwiebel mit Knoblauch glasig anbraten.
- Bohnen mit passierten Tomaten in eine Auflaufform geben.

- Angebratene Zwiebel mit Knoblauch und den restlichen Zutaten in die Auflaufform geben und alles gut vermischen.
- Im Backofen für 30 Minuten backen.

Reis - Frikadellen

Zutaten (4 Portionen)

- 150 g Reis
- 2 Eier
- 150 g Emmentaler
- 2 Zwiebeln
- 2 Karotten
- 1000 ml Gemüsebrühe
- 3 ELKräuter (nach Belieben)
- Semmelbrösel
- (Raps)Öl oder Butterschmalz zum Anbraten
- Salz und Pfeffer zum Abschmecken

Zubereitung

- Gemüsebrühe aufkochen, Reis zugeben und 15 Minuten köcheln lassen.
- Reis abgießen und abkühlen lassen.
- Käse raspeln, Zwiebeln klein hacken und Karotten raspeln.
- In einer Schüssel Reis, Käse, Karotten, Eier und Zwiebeln

miteinander verrühren.

- Pfeffer, Salz und Kräuter einrühren.
- Semmelbrösel unterrühren, bis der Frikadellenteig eine gute Konsistenz hat.
- Den Teig 15 Minuten quellen lassen.
- Frikadellen formen und nochmals in Semmelbrösel wälzen.
- Öl in einer Pfanne erhitzen und Frikadellen, bei mittlerer Hitze, von beiden Seiten goldbraun anbraten.
- Mit der gewünschten Beilage servieren. Schmeckt auch als Burger in einem Brötchen lecker.

Nudeln mit Spinat

Zutaten (2 Portionen)

- 250 g Hartweizennudeln
- 200 g TK Blattspinat
- 50 g Sahne
- Salz

Zubereitung

- Hartweizennudeln nach Packungsangabe kochen.
- Währenddessen TK in einem Topf langsam erhitzen.
- Fertig abgegossene Nudeln zugeben und durchmischen.
- Sahne hinzufügen und nochmals erhitzen.
- Mit Salz abschmecken.

Kohlrabi-Kartoffelgemüse

Zutaten (4 Portionen)

- 1 kg Kohlrabi
- 2 Karotten
- 2 Kartoffeln
- 100 ml Sahne
- 1 TL Salz
- 3 Prisen Pfeffer
- 3 Prisen Muskat
- 1 TL Gemüsebrühe
- 3 EL Butter
- Wasser zum Kochen

Zubereitung

- Kohlrabi, Kartoffeln und Karotten in Würfel schneiden.
- Das Gemüse mit dem Salz in einem Topf mit Wasser weichkochen.
- Das Wasser abgießen.
- Mit restlichen Zutaten vermengen und pürieren.

Vegetarischer Hackfleischtopf

Zutaten (4 Portionen)

- 150 g Sojagranulat
- 2 Zwiebeln
- 2 Stangen Lauch
- 1000 ml Gemüsebrühe
- 250 ml Sahne
- 5 EL Tomatenmark
- 1 EL Senf
- 1 TL Paprika
- 1 TL Zucker
- 1 TL Salz
- 3 Prisen Pfeffer
- 1 EL (Raps)Öl

Zubereitung

- Das Sojagranulat nach Packungsanweisung zubereiten.
- Zwiebel klein würfeln und Lauch in Streifen schneiden.
- Öl in einer Pfanne erhitzen und Zwiebel darin glasig anbraten.
- Abgetropftes Sojagranulat, Lauch, Tomatenmark, Gemüsebrühe, Senf und Gewürze hinzugeben.

- 15 Minuten köcheln lassen und dabei mehrfach rühren.
- Sahne unterrühren, Herd abdrehen und noch 5 Minuten ziehen lassen.
- Als Beilage kann Brot gereicht werden.

Gebratener Tofu

Zutaten (4 Portionen)

- 400 g Tofu
- 400 ml Kokosmilch
- 60 g Ingwer
- 2 Knoblauchzehen
- 1 Limette
- 2 TL Zucker
- 2 TL Paprika
- ½ TL Salz
- 3 El (Raps)Öl

Zubereitung

- Tofu in etwa 1 cm breite und 4 cm lange Stücke schneiden.
- Ingwer und Knoblauchzehen hacken.
- Mit Kokosmilch, Saft von 1 Limette, Zucker, Paprika und Salz verrühren.
- Tofu in die Marinade legen und mind. 2 Std. marinieren.
- Tofu aus der Marinade nehmen, trockentupfen.

- Öl in einer Pfanne erhitzen und Tofu 5 Min. braten, evtl. nachsalzen.

Kartoffel Gulasch

Zutaten (2 Portionen)

- 4 Kartoffeln
- 500 ml Gemüsebrühe
- 2 Zwiebeln
- 1 rote Paprikaschote
- 1 gelbe Paprikaschote
- 2 Knoblauchzehen
- 2 EL Tomatenmark
- 1 EL Essig
- 1 TL Paprika
- 1 EL Petersilie
- Salz, Pfeffer
- 3 EL (Raps)Öl

Zubereitung

- Kartoffeln und Zwiebeln schälen und in mundgerechte Stücke schneiden. Knoblauchzehe pressen.
- Paprika putzen und in mundgerechte Stücke schneiden.

- Öl in einer großen, tiefen Pfannen erhitzen und Zwiebel, Knoblauch, Paprika und Kartoffeln darin andünsten.
- Tomatenmark zugeben und anrösten.
- Mit Essig und Gemüsebrühe ablöschen.
- Bei mittlerer Hitze 20 Minuten kochen, bis die Kartoffeln gar sind.
- Mit den Gewürzen abschmecken und in tiefen Tellern servieren.

Kürbis - Lasagne

Zutaten (4 Personen)

- 750 g Hokaido-Kürbis
- 500 g passierte Tomaten
- 450 ml Milch
- 300 ml Gemüsebrühe
- 2 Zwiebel
- 2 Knoblauchzehen
- 150 Sahne
- 2 EL Mehl
- 1 EL Senf
- 1 EL Thymian
- Pfeffer (nach Belieben)
- 2 Prisen Chili
- Salz (nach Belieben)
- 3 EL (Raps)Öl zum Anbraten
- 2 EL Butter und etwas zum Einfetten der Auflaufform
- 500 g Lasagneblätter
- 150 g geriebenen Käse

Zubereitung

- Backofen auf 180° C Umluft vorheizen.

- Kürbis, Karotte und Zwiebel in kleine Stücke schneiden. Knoblauchzehe pressen.
- Öl in einer großen Pfanne erhitzen.
- Bei mittlerer Hitze Kürbis und Zwiebel 5 Minuten anbraten.
- Knoblauch zugeben und 2 Minuten mitbraten.
- Mit 150 ml Gemüsebrühe ablöschen, Tomaten zugeben und unter Rühren aufkochen lassen.
- 10 Minuten bei mittlerer Hitze köcheln lassen.
- Salz, Pfeffer, Chili und Thymian zugeben und durchmischen.
- In der Zwischenzeit 2 EL Butter in einem Topf erhitzen und das Mehl darin kurz dünsten.
- Mit Salz, Pfeffer und Muskatnuss würzen.
- Milch und restliche Gemüsebrühe zugeben und aufkochen lassen.
- Bei mittlerer Hitze, unter Rühren 15 Minuten kochen lassen.
- Die Soße vom Herd nehmen.
- Sahne mit Senf vermischen und die Hälfte davon in die Soße rühren.
- Eine Auflaufform mit Butter einfetten.
- Den Boden der Auflaufform mit einer dünnen Schicht der Soße bedecken.
- Lasagne-Blätter, Kürbismischung und Soße abwechselnd darüber schlichten.
- Die letzte Lasagne-Blätterschicht mit Soße bedecken.
- Restlichen Milch-Senf Mix darüber verteilen.

- Mit geriebenen Käse bestreuen.
- Im Backofen für 35 Minuten backen.

Bigos (Kohleintopf mit Tofu)

Zutaten (4 Personen)

- 400 g Naturtofu
- 1 kleiner Kopf Weißkohl
- 400 g Champignons
- 1 Sauerkraut-Päckchen
- 1 Zwiebel
- 1 ½ Tuben Tomatenmark
- 2 Loorbeerblätter
- 4 Wacholderbeeren
- 1 EL Gemüsebrühe
- 1 TL Paprikapulver
- Salz und Pfeffer zum Abschmecken
- 4 EL (Raps)Öl zum Anbraten

Beilage: Brot

Zubereitung

- Tofu mit Küchenpapier gut trocknen und in Würfel schneiden.

- Weißkohl in feine Streifen schneiden, Champignons und Zwiebel klein schneiden.
- 2 EL Öl in einem Topf erhitzen und darin Weißkohl, Sauerkraut, Lorberrblätter und Wacholderbeeren anschwitzen, bis der Weißkohl bißfest ist.
- Restliches Öl in einer Pfanne erhitzen.
- Zwiebel, Champignons darin 5 Minuten, bei mittlerer Hitze anbraten.
- Tofu, Gemüsebrühe und Gewürze zugeben und solange braten bis der Tofu goldbraun wird.
- Wenn der Weißkohl bißfest ist, das Tomatenmark unterrühren und die Tofu-Pfanne mit in den Topf geben und gut vermischen. Mit Brot servieren.
- Am besten schmeckt Bigos übrigens, wenn es einen Tag durchgezogen ist und nochmals erhitzt wird.

Champignon Gyros

Zutaten (4 Portionen)

- 400 g Champignons
- 5 Paprika
- 3 Zwiebeln
- 250 g Sahnejoghurt
- 1 EL Gyrosgewürz
- 2 EL Petrsilie
- ½ TL Chiliflocken
- 1 TL Salz
- 1 TL Pfeffer
- 8 EL (Oliven)Öl

Beilage: Fladenbrot

Zubereitung

- Paprika in Streifen schneiden, Champignons in Ringe schneiden, Zwiebeln in dünne Ringe schneiden.
- 2 EL Öl in einer Pfanne erhitzen und Zwiebeln mit Champignons darin glasig anbraten.
- 2 EL Öl mit Paprika, Gyrosgewürz, Salz und Pfeffer zugeben und 5 Minuten, unter häufigem Rühren anbraten.

- Joghurt in einem Schälchen mit restlichem Öl beträufeln und mit Chiliflocken bestreuen.
- Petersilie in die Gemüsepfanne unterrühren.
- Das Champignon – Gyros mit Joghurt und Fladenbrot servieren.

Ratatouille

Zutaten (4 Personen)

- 5 Tomaten
- 2 Auberginen
- 1 Zucchini
- 3 Paprika
- 2 Zwiebeln
- 2 Knoblauchzehen
- 1 TL Thymian
- 1 TL Petersilie
- 1 TL Basilikum
- 2 Prisen Pfeffer
- 1 EL (Oliven)Öl

Beilage: Baguette oder Nudeln, Optional noch geriebener Parmesan

Zubereitung

- Knoblauchzehen pressen, Zwiebel klein würfeln und restliches Gemüse in 2 cm breite Stücke schneiden.
- In einem Topf Öl erhitzen.
- Zwiebel und Knoblauch glasig anbraten.
- Tomaten, Paprika und alle Gewürze zugeben und für 10

Minuten bei mittlerer Stufe, unter gelegentlichem Umrühren, dünsten.

- Auberginen und Zucchini zugeben und unter gelegentlichem Umrühren, weitere 15 Minuten dünsten.
- Mit einer Beilage nach Wahl servieren.
- Optional mit geriebenem Parmesan bestreuen.

Süßkartoffelauflauf

Zutaten (4 Personen)

- 800g Süßkartoffeln
- 400 g gehackte Tomaten
- 250 g passierte Tomaten
- 2 Zwiebeln
- 1 Knoblauchzehe
- 2 EL gehackte Erdnüsse
- 1 EL Erdnussbutter
- 1 TL Chilipulver
- 3 Prisen Salz
- 2 EL (Erdnuss)Öl zum Anbraten

Beilage: Reis

Zubereitung

- Backofen auf 180 Grad C Umluft vorheizen.
- Zwiebeln in Scheiben schneiden, Süßkartoffeln würfeln, Knoblauchzehe pressen.
- Zusammen in einem mit Öl erhitzen Topf 10 Minuten, bei mittlerer Hitze andünsten.
- Tomaten mit Gewürzen zugeben und weitere 5 Minuten köcheln lassen.

- Erdnussbutter zugeben und in eine Auflaufform geben.
- Erdnüsse darüber verteilen und in einer Auflaufform für 30 Minuten im Backofen backen.

Kartoffel Curry

Zutaten (4 Portionen)

- 8 Kartoffeln
- 1 Dose gehackte Tomaten (400g)
- 1 Dose Kokosmilch (400g)
- 1 Zwiebel
- 3 Knoblauchzehen
- 100 ml Gemüsebrühe
- 1 TL Curry
- 1 TL Ingwer
- ¼ TL Cayennepfeffer
- 1 TL Kurkuma
- 1 TL Salz
- 3 EL (Raps)Öl

Zubereitung

- Knoblauchzehe pressen, Zwiebel und Kartoffel würfeln.
- Öl wird in einem Topf erhitzen und die Zwiebel glasig abraten.

- Knoblauch hinzu geben und ebenfalls zwei Minuten lang glasig anbraten.
- Gewürze unterrühren und kurz mitbraten.
- Mit Gemüsebrühe ablöschen und Kokosmilch sowie Tomaten hinzugeben.
- Das Kartoffel Curry 30 Minuten köcheln lassen.
- Wenn die Kartoffeln gar sind, in vorgewärmten Tellern servieren.

Spaghetti mit Champignons

Zutaten (4 Portionen)

- 250 g Spaghetti
- 1 Zwiebel
- 1 Zucchini
- 250 g Champignons
- 1 TL Kreuzkümmel
- 1 EL Currypulver
- 4 EL Schnittlauch oder Petersilie (frisch oder TK)
- 2 EL Sojasauce
- 3 EL (Sesam)Öl zum Anbraten
- Pfeffer und Salz

Zubereitung

- Spaghetti nach Packungsangabe kochen.
- Zwiebel würfeln, Champignons und Zucchini in dünne Scheiben schneiden.
- Öl in einer Pfanne erhitzen und Zwiebel darin glasig anbraten.
- Champignons dazugeben und 3 Minuten mitbraten.
- Zucchini, Kreuzkümmel, Curry zugeben und 5 Minuten braten.

- Spaghetti, Sojasauce, Pfeffer, Schnittlauch (Petersilie) dazugeben und gut vermischen.

Spaghetti Napoli

Zutaten (4 Portionen)

- 500 g Spaghetti
- 4 Tomaten
- 1 Dose gehackte Tomaten
- 1 Zwiebel
- 100 ml Wasser
- 2 ELOlivenöl zum Anbraten
- Pfeffer und Salz

Zubereitung

- Spaghetti nach Packungsangabe kochen.
- Zwiebel fein würfeln und Tomaten in Stücke schneiden.
- Öl in einer Pfanne erhitzen und Zwiebel glasig anbraten.
- Wasser,Tomaten und gehackte Tomaten zugeben und 20 Minuten, bei mittlerer Hitze köcheln lassen.
- Die Soße mit einem Pürierstab pürieren.
- Mit Salz und Pfeffer abschmecken und mit den Spaghetti servieren.

Backofen Pommes

Zutaten (4 Portionen)

- 1 kg große Kartoffeln
- 2 TL Paprika
- ½ TL Salz
- ½ TL Knoblauch
- ½ TL Kräutermischung nach Belieben
- 3 EL Rapsöl

Zubereitung

- Geschälte und gewaschene Kartoffeln in Stäbchen schneiden.
- Die Kartoffelstäbchen kurz in Wasser legen.
- Backofen auf 200° C Umluft vorheizen.
- Vor dem Zubereiten gut abtropfen lassen und mit Küchenpapier trocken reiben.
- Die Kartoffelstäbchen in eine Schüssel geben und mit den anderen Zutaten vermischen.
- Anschließend auf ein mit Backpapier ausgelegtes Backblech legen.
- Im Backofen 35 Minuten backen.
- Ofen auf 220° C hochschalten und die Pommes noch 10 Minuten bräunen lassen.

Tomaten - Nudeln

Zutaten (4 Portionen)

- 450 g Kirschtomaten
- 140 g Penne (oder andere Nudeln)
- 2 Knoblauchzehen
- ½ rote Pfefferschote
- 1 TL Tomatenmark
- 4 El Petersilie
- 2 El (Raps)Öl
- Salz Pfeffer
- 1 Prise Zucker

Zubereitung

- Knoblauchzehen pressen, 1/2 rote Pfefferschote in dünne Ringe schneiden. 450 g Kirschtomaten halbieren.
- Penne in reichlich kochendem Salzwasser nach Packungsanweisung garen.
- Öl in einer tiefen Pfanne erhitzen.
- Knoblauch und Pfefferschoten darin bei mittlerer Hitze 2 Min. dünsten.
- Tomatenmark zugeben und unter Rühren kurz mitbraten.
- Tomaten zugeben und 5 Min. kochen.

- Nudeln abgießen, dabei 100 ml Nudelwasser auffangen.
- Nudelwasser zur Tomatenmischung geben und aufkochen. Tomatensauce mit Salz, Pfeffer und Zucker würzen.
- Nudeln untermischen und mit Petersilie bestreut servieren.

King Pao Tofu Bowl

Zutaten (4 Personen)

- 400 g Naturtofu
- 5 Frühlingszwiebeln
- 2 Paprika
- 2 Knoblauchzehen
- 100 g ungesalzene Erdnüsse
- 5 EL Sojasauce
- 2 EL Speisestärke
- 3 Prisen Chilipulver
- 3 Prisen Ingwer
- 2 TL Zitronensaft
- 1 EL Reisessig
- 1 TL Zucker
- 6 EL (Erdnuss)Öl zum Anbraten

Beilage: Reis

Zubereitung

- Tofu mit Küchenpapier abtrocknen und in Würfel

schneiden.

- Mit 4 EL Sojasauce vorsichtig verrühren und 5 Minuten ziehen lassen.
- Danach Speisestärke zugeben und nochmal vorsichtig verrühren, so das die Tofuwürfel bedeckt sind.
- Knoblauchzehen pressen, Paprika und Frühlingszwiebel in Streifen schneiden.
- Große Pfanne oder Wok, mit 2 EL Öl erhitzen und die Tofuwürfel, von allen Seiten, bei mittlerer Hitze, etwa 10 Minuten goldbraun braten.
- Tofu auf einen Teller beiseite stellen.
- In einer kleinen Schüssel restliche Sojasauce, 2 EL Öl, Reisessig und Zucker miteinander verrühren.
- Das restliche Öl in die Pfanne geben. Erhitzen und die Frühlingszwiebel mit Paprika, bei mittlerer Hitze 5 Minuten andünsten.
- Erdnüsse, Chilipulver, Zitronensaft und Ingwer in die Pfanne geben und weitere 5 Minuten, unter häufigem Rühren anbraten.
- Die angerührte Sauce zugeben und 2 Minuten weiterkochen lassen.
- Mit Reis servieren.

Rote Linsenbratlinge

Zutaten (4 Portionen)

- 200 g Linsen
- 2 Zwiebeln
- 1 Lauch
- 1 Karotte
- 100 g Champignons
- 4 EL Mehl
- 1 TL Curry
- etwas Salz und Pfeffer
- 1 EL Oregano
- ½ TLChilipulver
- 3 EL (Oliven)Öl zum Braten

Zubereitung

- Die Linsen über Nacht einweichen.
- Linsen in ein Sieb schütten und abtropfen lassen.
- Zwiebeln, Lauch, Karotten, Champignons und schneiden und mit den Linsen, Salz, Pfeffer, Curry, Oregano, Chili pürieren.
- Mehl hinzufügen. (Die Masse ist nun ziemlich klebrig.)
- Formen Sie jetzt mit einem Esslöffel kleine Bratlinge.

- Öl in einer Pfanne erhitzen und die Linsenbratlinge darin, von beiden Seiten anbraten.

Gemüsepfanne

Zutaten (4 Portionen)

- 1 Pastinake
- 2 Karotten
- 2 Kohlrabi
- 1 Paprika
- 2 EL Erdnussbutter
- 200 ml Gemüsebrühe
- 4 TL Sojasauce
- 2 TL Zitronensaft
- 50 g Erdnüsse, geröstet und gesalzen
- 1 EL Koriander
- Salz und Chilipulver

Zubereitung

- Pastinake, Möhren, Kohlrabi und Paprika waschen und in mundgerechte Würfel schneiden.
- Öl in einer Pfanne erhitzen und Kohlrabi und Paprika, bei mittlerer Hitze 5 Minuten anbraten, dabei immer wieder umrühren.
- Pastinake und Karotten zugeben und weitere 5 Minuten garen.

- Erdnussbutter und Gemüsebrühe zugeben und verrühren. Alle restlichen Zutaten zufügen und abschmecken.
- Vor dem Servieren mit den Erdnüssen bestreuen.
- Gemüse kann je nach Saison natürlich abgeändert werden!

Nudelsalat

Zutaten (4 Portionen)

- 500 g Nudeln (Fusilli)
- 2 Packungen Sahne
- 250 g Räuchertofu
- 1 Dose Erbsen
- 100 g schwarze Oliven
- 1 Dose Mais
- 1 Bund Lauchzwiebeln
- 1 EL Zitronensaft
- 3 EL (Raps)öl
- etwas Rotweinessig
- Salz und Pfeffer

Zubereitung

- Die Nudeln in Salzwasser al dente kochen und kalt abschrecken.
- Mais und Erbsen abgießen, abspülen und abtropfen.
- Lauchzwiebeln in Ringe schneiden.
- Tofu abtrocknen und in kleine Würfel schneiden
- Öl in einer Pfanne erhitzen und Tofu darin goldbraun anbraten.

- Tofu aus der Pfanne holen. Das Öl in der Pfanne lassen.
- Sahne zugeben und aufkochen lassen.
- Mit Essig, Salz, Pfeffer und Zitronensaft abschmecken.
- Tofu, Mais, Oliven, Lauchzwiebeln und Nudeln zugeben, umrühren und 5 Minuten ziehen lassen.

Kichererbsencurry

Zutaten (4 Portionen)

- 1 Dose Kichererbsen (400 g)
- 1 Dose Kokosmilch (400 ml)
- 3 Zwiebeln
- 2 Knoblauchzehen
- 1 EL Zitronensaft
- 2 EL Curry
- 1 EL Sojasauce
- 1 TL Zucker
- 3 EL (Raps)Öl

Beilage: Reis

Zubereitung

- Zwiebel klein hacken, Knoblauchzehen pressen.
- Öl in einem Topf erhitzen und Zwiebeln und Knoblauch darin glasig anbraten.
- Langsam die Kokosmilch einrühren.
- Curry, Zitronensaft, Sojasauce, Zucker und Kichererbsen dazugeben.
- 10 Minuten auf mittlerer Stufe köcheln lassen.
- Kichererbsencurry mit Reis anrichten.

Nachtisch, Dessert

Schokoladenmousse

Zutaten (4 Personen)

- 200 g Zartbitterschokolade
- 1 Ei
- 1 Eigelb
- 1 TL Weinbrand
- 400 g Sahne

Zubereitung

- Schokolade im Wasserbad schmelzen lassen.
- Ei mit Eigelb in einer Schüssel, im heißen Wasserbad schaumig schlagen.
- Schokolade und Weinbrand mit Schneebesen unterheben.
- Sahne steif schlagen und unter die lauwarme Mousse unterheben.
- Die Mousse auf Schälchen verteilen und für eine Stunde in den Kühlschrank stellen.

Erdbeer – Bananenshake

Zutaten

- 200 g Erdbeeren
- 1 Banane
- 500 ml Milch
- 1 EL Zucker

Zubereitung

- Alle Zutaten zusammen in einem Mixer oder in einer Schüssel mit einem Pürierstab pürieren.
- Den Shake in Gläser abfüllen.

Marzipan Nougat Ecken

Zutaten

- 200 g Marzipanrohmasse
- 175 g Nougat
- 150 g Puderzucker

zumVerzieren:

- 200 g Zartbitterschokolade
- 50 g gehackte Pistazienkerne

Zubereitung

- Das Marzipan leicht erwärmen und mit Puderzucker verkneten.
- Diese Masse zwischen zwei Lagen Backpapier gut ½ cm dick und zu einem Rechteck ausrollen.
- Nougat gerade so sehr über einem Wasserbad erwärmen, dass er streichfähig wird. Gleichmäßig auf das Marzipan streichen.
- Nun die Marzipan-Nougat-Masse von der langen Seite her aufrollen, so dass eine Rolle entsteht.
- In Folie gewickelt, für 2 Stunden kaltstellen.
- Die Zartbitterschokolade schmelzen.
- In der Zwischenzeit von der Marzipanrolle mit einem scharfen Messer mundgerechte Ecken abschneiden.

- Die entstandenen Ecken in die Schokolade tauchen.
- Mit Pistazien bestreuen und abkühlen lassen.

Erdbeereis

Zutaten

- 150 g Erdbeeren
- 2 TL Zucker
- 4 EL Milch nach Belieben

Zubereitung

- Erdbeeren waschen, klein schneiden und über Nacht einfrieren.
- Erdbeeren aus dem Gefrierfach nehmen und für 15 Minuten antauen lassen.
- Mit den anderen Zutaten pürieren.

Bananen Cookies

Zutaten (12 – 15 Cookies)

- 2 reife Bananen
- 100 g Kokosraspeln
- 1 Päckchen Vanillezucker

Zubereitung

- Backofen auf 180° C Umluft vorheizen.
- Die Bananen schälen und in Scheiben schneiden.
- Die Scheiben zusammen mit den Kokosraspeln und dem Vanillezucker in einer Schüssel pürieren.
- Ein Backblech mit Backpapier auslegen und den Teig mit einem Esslöffel portionsweise darauf verteilen.
- Die Portionen etwas flach drücken und mit dem Esslöffel etwas formen.
- Die Cookies 20 bis 25 Minuten backen, bis der Rand leicht gebräunt ist.

Brownies

Zutaten

- 80 g Zartbitterschokolade
- 180 g Mehl
- 200 g Zucker
- 50 g Kakaopulver
- 1 Päckchen Vanillezucker
- 1 TL Backpulver
- ½ TL Zimt
- 100 ml Milch
- 100 ml Honig
- 100 ml Rapsöl
- 100 ml Apfelsaft

Zubereitung

- Backofen auf 180° C Grad vorheizen.
- Auflaufform mit Backpapier auslegen.
- Schokolade mit einem Messer kleinhacken.
- In einer Schüssel Mehl, Zucker, Kakao, Vanillezucker, Zimt und Backpulver vermischen.
- Milch, Honig, Öl und Apfelsaft vermischen und zur Mehlmischung gießen.
- Den Teig mit den Quirlen des Handrührgerätes für 2

Minuten auf höchster Stufe vermixen.

- Schokolade unterheben.
- Teig in die Auflaufform füllen und glatt streichen.
- Im Backofen etwa 40 Minuten backen.
- Abkühlen lassen.
- Brownies in gewünschte Stücke schneiden.

Popcorn

Zutaten

- 50 g Popcornmais
- 40 g Butter
- 40 g Zucker
- 1 EL Honig
- 1 EL (Raps)Öl
- 70 g Cashewkerne

Zubereitung

- Butter, Zucker und Honig in einem Topf erhitzen.
- Bei hoher Stufe, unter ständigem Rühren 2 Minuten kochen und danach beiseite stellen.
- Cashewkerne in einer Pfanne, auf mittlerer Stufe 4 Minuten und Rühren goldbraun rösten. Danach auf einen Teller legen.
- Popcornmais nach Anleitung im Topf mit Öl aufpoppen lassen. Gelegentlich dabei am Topf rütteln und den Deckel festhalten.
- Popcorn und Cashewkerne mit der Karamellsauce übergießen und gut vermischen.
- Das Popcorn auf ein mit Backpapier ausgelegtes Backblech legen, verteilen und abkühlen lassen.
- Erst servieren wenn es gut trocken ist.

Schokocrossies

Zutaten

- 100 g Cornflakes
- 200 g Zartbitterschokolade

Zubereitung

- Im Wasserbad die Schokolade schmelzen.
- Wenn die Schokolade komplett geschmolzen ist, die Cornflakes unterrühren.
- Backblech mit Backpapier auslegen.
- Mit einem Teelöffel kleine Portionen auf das Backblech legen und solange in den Kühlschrank stellen bis die Schokocrossies fest sind.

Schokoladenmuffins

Zutaten

- 300 g Mehl
- 250 g Zucker
- 50 g Kakaopulver
- 1 Packung Backpulver
- 7 EL Rapsöl
- 350 ml Wasser
- 1 Prise Salz
- Muffin - Papierförmchen

Zubereitung

- Backofen auf 180° C Umluft vorheizen.
- Mehl mit Kakaopulver, Backpulver, Zucker, Salz, Öl und Wasser gut verrühren.
- Teig in kleine Muffin-Papierförmchen füllen und für ca. 30 Minuten backen.

Käsekuchencreme

Zutaten (4 Portionen)

- 500 g Magerquark
- 500 ml Milch
- 50 g Zucker
- 1 Päckchen Vanillepuddingpulver
- 1 Spritzer Butter-Vanille Aroma

Zubereitung

- Vanillepuddingpulver mit 6 EL der Milch verrühren.
- In einem Topf restliche Milch aufkochen und mit dem verrührten Puddingpulver aufkochen.
- Pudding vom Herd nehmen und den Magerquark unterrühren.
- Butter- Vanille- Aroma einrühren und mit Zucker abschmecken.
- Käsecreme abkühlen lassen.

Erdbeer – Tiramisu im Glas

Zutaten

- 700 g Erdbeeren
- 150 g Kekse (Amarettini - oder zerkleinerte Löffelbiskuits)
- 150 g Sahne
- 350 g Quark
- 70 g Zucker
- etwas Amaretto

Zubereitung

- Erdbeeren klein schneiden.
- Die Kekse mit etwas Amaretto übergießen.
- Die Sahne schlagen und Quark mit Zucker unterrühren.
- Einige Kekse ins Glas schlichten, dann eine Schicht Creme darauf verteilen.
- Erdbeeren über die Creme verteilen.
- Über den Erdbeeren etwas Creme geben und mit 1-2 Keksen dekorieren.
- Im Kühlschrank 2 Stunden durchziehen lassen.
- Auch mit Himbeeren sehr lecker!

Kokos Chiapudding

Zutaten (2 Portionen)

- 200 ml Kokosdrink
- 8 EL Chia-Samen
- ½ TL Vanillezucker
- 2 EL Zucker
- 2 EL gehackte vegane Zartbitterschokolade

Zubereitung

- Kokosdrink mit Vanillezucker vermischen.
- Chiasamen unterrühren
- Alle restlichen Zutaten zugeben, gut verrühren und kalt stellen.
- 40 Minuten quellen lassen. Dabei gelegentlich umrühren.
- Gut gekühlt servieren.

Gebackene Banane

Zutaten (2 Portionen)

- 2 Bananen
- 2 EL Chiasamen
- 1 EL Honig
- 1 EL Paniermehl
- 1 Prise Zimt
- 1 Prise Vanillezucker
- (Kokos)öl zum Ausbacken

Zubereitung

- Die geschälten Bananen längs halbieren.
- Die Bananen mit Honig bestreichen.
- Restliche Zutaten, außer Öl, miteinander vermengen.
- Die Bananen in der Mischung wälzen.
- Öl in einer Pfanne erhitzen und die Bananen darin ausbacken.
- Die gebackenen Bananen mit Chiasamen garniert servieren.

Muffins

Zutaten (12 Muffins)

- 100 g Mehl
- 50 g Speisestärke
- 1 Apfel
- 1 Birne
- 1 Ei
- 1 TL Backpulver
- 1 Prise Salz
- 12 Muffin - Papierförmchen

Zubereitung

- Backofen auf 180 °C Umluft vorheizen.
- Apfel und Birne schälen, entkernen und fein reiben.
- Ei in eine Schüssel aufschlagen, Salz zugeben und mit einem Handrührgerät schaumig schlagen.
- Geriebenen Apfel und Birne zumischen.
- Mehl, Backpulver und Speisestärke in einer zweiten Schüssel mischen und dann löffelweise zum Ei unterrühren.
- Muffinförmchen in das Muffinbackblech geben und mit Teig befüllen.
- Für 45 Minuten im Ofen backen und mit einer

Stäbchenprobe kontrollieren, ob die Muffins fertig sind.

- Das Muffinbackblech auf einem Kuchengitter, mit den Muffins abkühlen lassen.
- Die Muffins können auch ohne Papierförmchen gebacken werden, dann allerdings das Muffinbackblech mit Butter einfetten. Nach der Backzeit ein paar Minuten warten und die Muffins zum vollständigen Auskühlen aus dem Blech nehmen.

Süßer Couscous

Zutaten (4 Portionen)

- 400 g Couscous, nach Packungsbeilage zubereitet
- 8 Datteln (entkernt)
- 1 Granatapfel
- 5 EL Rosinen
- Heißes Wasser zum Quellen der Rosinen
- 4 EL Mandelnblättchen
- 3 EL Butter
- 3 EL Orangensaft
- 4 TL Zimt
- 2 EL Honig
- 1 Prise Salz
- 4 EL Puderzucker zum Garnieren

Zubereitung

- Rosinen in eine Schüssel geben und mit heißem Wasser überbrühen und quellen lassen.
- Rote Fruchtkerne aus Granatapfel lösen, Datteln achteln.
- Mandelblättchen in einer Pfanne ohne Fett hellbraun rösten.
- In den fertigen Couscous die Butter unterrühren.

- Rosinen abgießen und abtropfen lassen.
- Alle Zutaten, außer Puderzucker, mit dem Couscous vermischen.
- Auf kleine, vorgewärmte Schälchen portionieren und mit Puderzucker bestäubt servieren.

Haferflockenkekse

Zutaten (20 Kekse)

- 200 g Haferflocken
- 2 reife Bananen
- 100 g Mehl
- 100g Naturjoghurt
- 50 ml Milch
- 1 Päckchen Backpulver
- 1 Prise Salz

Zubereitung

- Backofen auf 180° C Umluft vorheizen.
- Bananen mit einer Gabel zerdrücken.
- In einer großen Schüssel Bananen, Joghurt und Milch miteinander verrühren.
- In einer zweiten Schüssel Haferflocken, Mehl, Backpulver und Salz miteinander vermengen.
- Die zweite Schüssel zur ersten unterheben und zu einem Teig verarbeiten.
- Aus dem Teig kleine Taler formen und auf ein mit Backpapier ausgelegtes Backblech geben.
- Im Ofen für 10 – 15 Minuten backen.
- Abkühlen lassen und in einem verschließbaren Gefäß aufbewahren.

Schokoladenkuchen

Zutaten

Teig:

- 300 g Mehl
- 250 g Zucker
- 5 EL Kakaopulver
- 125g Zartbitterschokolade, gehackt
- 1 Päckchen Backpulver
- 350 ml Milch
- 4 EL Rum
- 130 ml (Raps)Öl
- 2 TL Johannisbrotkernmehl

Verzierung:

- 150 g Zartbitterschokolade

Zubereitung

- Backofen auf 180° C Umluft vorheizen.
- Alle trockenen Zutaten in einer Schüssel mischen.
- Milch, Rum und Öl zufügen und mit einem Handrührgerät zu einem geschmeidigen Rührteig verarbeiten.
- Den Teig in eine mit Backpapier ausgelegte Springform füllen.
- Im Ofen 45 Minuten backen.

Karottenkuchen

Zutaten

- 250 g Karotten
- 200 g gemahlene Nüssen (nach Belieben)
- 1 Apfel
- 130 g Mehl
- 100 g Zucker
- 1 Packung Backpulver
- 1 TL Zimt
- ½ TL Kardamom
- 130 ml Milch
- 100 ml (Raps)Öl

Für die Glasur:

- 100 g Puderzucker mit 2 EL Zitronensaft verrühren

Zubereitung

- Den Ofen auf 180° C Umluft vorheizen.
- Alle trockenen Zutaten inkl. Gewürze vermischen.
- Milch und Öl hinzufügen und rasch mit den trockenen Zutaten vermengen.
- Karotten und den Apfel fein reiben und unterheben.
- Den Teig in eine mit Backpapier ausgelegte und gefettete

Springform füllen und im Backofen für ca. 45 Minuten Backen.

- Nach dem Abkühlen mit der Puderzuckerglasur überziehen.

Rotweinkuchen

Zutaten

- 200 g Margarine
- 250 g Mehl
- 150 g Schokoladenraspel
- 125 ml Rotwein
- 50 g gehackte Haselnüsse
- 4 Eier
- 200 g Zucker
- 1 Päckchen Vanillezucker
- 1 Päckchen Backpulver
- 2 TL Kakaopulver
- 1 TL Zimt
- 1 TL Rum
- Puderzucker zum Bestreuen

Zubereitung

- Backofen auf 180° C Umluft vorheizen.
- Eier schaumig schlagen.
- Zucker und Vanillezucker zugeben und weiter schaumig schlagen.
- Margarine unter Rühren zugeben.

- Restliche Zutaten einzeln zugeben und verrühren.
- Teig in eine gut gefettete Kastenform füllen.
- Im Ofen ca. 40 Minuten backen.
- Mit einem Stäbchen testen, ob der Kuchen richtig durchgebacken ist.
- Den Kuchen auf ein Kuchengitter geben und abkühlen lassen.
- Mit Puderzucker bestreuen.
- Als Partyhäppchen kann man den Kuchen auch in Muffinförmchen zubereiten.

Smoothies

Bananen Kiwi Smoothie

Zutaten

- 1 reife Banane
- 2 reife Kiwis
- 250 ml Kokosdrink
- 1 EL Zitronensaft (am besten frisch gepresst)

Zubereitung

- Alle Zutaten in den Mixer und zusammen etwa eine Minute mixen.

Birnen Ananas Smoothie

Zutaten

- 1 reife Birne
- 100 g Ananasstücke
- 250 ml Milch

Zubereitung

- Nur die Birnenansätze entfernen. Rest kann verwendet werden.
- Alle Zutaten in den Mixer und zusammen etwa eine Minute mixen.

Heidelbeer Grünkohl Smoothie

Zutaten

- 100 g Heidelbeeren (frische oder TK)
- 100 g Grünkohl (am einfachsten TK)
- 1 reife Banane
- 200 g Wasser
- bei frischen Heidelbeeren 3-4 Eiswürfeln zugeben.
- 1 TL Honig

Zubereitung

- Alle Zutaten in den Mixer und zusammen etwa eine Minute mixen.

Grüner Smoothie

Zutaten

- 1 reife Banane
- 1 Apfel
- 200 g Spinat oder Grünkohl (am besten TK)
- 200 ml Wasser
- bei frischen Spinat (Grünkohl) empfehle ich 3-4 Eiswürfel zuzugeben.

Zubereitung

- Nur die Apfelansätze wegschneiden. Die Apfelkerne mit verwenden.
- Alle Zutaten in den Mixer und zusammen etwa eine Minute mixen.

Himbeer Smoothie

Zutaten

- 200 g Himbeeren (frisch oder TK)
- 100 ml Wasser
- 100 ml Kokosdrink
- 1 TL Vanillezucker
- bei frischen Himbeeren empfehle ich 3-4 Eiswürfel zuzugeben.

Zubereitung

- Alle Zutaten in den Mixer und zusammen etwa eine Minute mixen.

Hafer Smoothie

Zutaten

- 250 ml Naturjoghurt
- 50 g zarte Haferflocken
- 250 ml Milch
- 1 TL Honig

Zubereitung

- Alle Zutaten in den Mixer und zusammen etwa eine Minute mixen.
- Eine Minute quellen lassen.

Beeren Smoothie

Zutaten

- 300 g Beeren (Himbeeren, Brombeeren, Heidelbeeren)
- 200 ml Kokosdrink
- 1 Apfel
- bei frischen Himbeeren empfehle ich 3-4 Eiswürfel zuzugeben.

Zubereitung

- Nur die Apfelansätze wegschneiden. Die Apfelkerne mit verwenden.
- Alle Zutaten in den Mixer und zusammen etwa eine Minute mixen.

Erdbeerjoghurt Smoothie

Zutaten

- 150 g Erdbeeren (frisch oder TK)
- 250 g Naturjoghurt
- 1 reife Banane
- bei frischen Erdbeeren empfehle ich 3- 4 Eiswürfel zuzugeben.

Zubereitung

- Alle Zutaten in den Mixer und zusammen etwa eine Minute mixen.

Mandeldrink Smoothie

Zutaten

- 150 g Grünkohl (frisch oder TK)
- 250 ml Mandeldrink
- 1 Apfel
- bei frischen Grünkohl empfehle ich 3-4 Eiswürfel zuzugeben.

Zubereitung

- Nur die Apfelansätze wegschneiden. Die Apfelkerne mit verwenden.
- Alle Zutaten in den Mixer und zusammen etwa eine Minute mixen.

Himbeer Spinat Smoothie

Zutaten

- 100 g Himbeeren (frisch oder TK)
- 100 g TK Spinat
- 1 Banane
- 1 TL Vanillezucker
- 200 ml Ananassaft oder Wasser
- 100 g Ananasstücke

Zubereitung

- Alle Zutaten in den Mixer und zusammen etwa eine Minute mixen.

Das Kochbuch hat ihnen gefallen?

Dann zeigen Sie es mir mit einem positiven Feedback anhand einer Rezension auf Amazon.

Dies würde mich als freier Autor sehr freuen und mir unglaublich weiterhelfen!

Mir liegt es sehr am Herzen, auf die Wünsche meiner Leserschaft einzugehen. So kann ich die Qualität meiner Kochbücher stets verbessern.

Falls Sie Rezeptvorschläge, - Änderungen, Kritik oder Anregungen zum Buch haben, können Sie sich gerne per E-Mail bei mir melden.

Meine E-Mail-Adresse finden Sie am Ende des Buches.

Ich danke Ihnen für Ihre Unterstützung!

Haftungsausschluss

Die Umsetzung aller enthaltenen Informationen, Anleitungen und Strategien dieses Buches erfolgt auf eigenes Risiko. Für etwaige Schäden jeglicher Art kann der Autor aus keinem Rechtsgrund eine Haftung übernehmen. Für Schäden materieller oder ideeller Art, die durch die Nutzung oder Nichtnutzung der Informationen bzw. durch die Nutzung fehlerhafter und/oder unvollständiger Informationen verursacht wurden, sind Haftungsansprüche gegen den Autor grundsätzlich ausgeschlossen. Ausgeschlossen sind daher auch jegliche Rechts- und Schadensersatzansprüche. Dieses Werk wurde mit größter Sorgfalt nach bestem Wissen und Gewissen erarbeitet und niedergeschrieben. Für die Aktualität, Vollständigkeit und Qualität der Informationen übernimmt der Autor jedoch keinerlei Gewähr. Auch können Druckfehler und Falschinformationen nicht vollständig ausgeschlossen werden. Für fehlerhafte Angaben vom Autor kann keine juristische Verantwortung sowie Haftung in irgendeiner Form übernommen werden.

Impressum

E-Mail: nadia.uzhakhova@freenet.de

ISBN: 9781095182093

Kontakt: Markus Mägerle, Am Kreisgraben 17, 93104 Riekofen

Printed in Poland
by Amazon Fulfillment
Poland Sp. z o.o., Wrocław

71979782R00115